红色广东丛书

邓中夏

黄振位　郭昉凌　著

SPM
南方出版传媒
广东人民出版社
·广州·

图书在版编目（CIP）数据

邓中夏/黄振位，郭昉凌著. —广州：广东人民出版社，
2021.6
（红色广东·广东工农运动领袖）
ISBN 978-7-218-14851-9

Ⅰ.①邓…　Ⅱ.①黄…②郭…　Ⅲ.①邓中夏（1894-
1933）-传记　Ⅳ.①K827=6

中国版本图书馆 CIP 数据核字（2020）第 265233 号

DENG ZHONGXIA

邓中夏　　黄振位　郭昉凌　著

出 版 人：肖风华

责任编辑：夏素玲　谢　尚
责任技编：吴彦斌　周星奎
封面设计：河马设计　李卓琪
排版制作：邦　邦

出版发行：广东人民出版社
地　　址：广州市海珠区新港西路 204 号 2 号楼（邮政编码：510300）
电　　话：（020）85716809（总编室）
传　　真：（020）85716872
网　　址：http：//www.gdpph.com
印　　刷：广东鹏腾宇文化创新有限公司
开　　本：787mm×1092mm　1/16
印　　张：11.5　字　数：110 千
版　　次：2021 年 6 月第 1 版
印　　次：2021 年 6 月第 1 次印刷
定　　价：38.00 元

如发现印装质量问题，影响阅读，请与出版社（020-85716808）联系调换。
售书热线：（020）85716826

总　序

　　百年征程波澜壮阔，百年大党风华正茂。习近平总书记在党史学习教育动员大会上指出："我们党的一百年，是矢志践行初心使命的一百年，是筚路蓝缕奠基立业的一百年，是创造辉煌开辟未来的一百年。"翻开风云激荡的百年党史，一代又一代中国共产党人，用鲜血和生命浸染了党旗国旗的鲜亮红色，书写了可歌可泣的历史篇章，铸就了彪炳史册的丰功伟绩。一百年来，党的红色薪火代代相传，革命精神历久弥坚，红色基因已深深根植于共产党人的血脉之中，成为我们党坚守初心、永葆本色的生命密码。

　　广东是一片红色的热土，不仅是近代民主革命的策源地，也是国内最早传播马克思主义、最早成立共产党早期组织的省份之一。在新民主主义革命的漫长历程中，广东党组织在中共中央的领导下，发动、组织和领导广东人民开展了一系列广泛而深远的革命斗争。1921年，广东党组织成立后，积极开展工人运动、青年运动，并点燃农民运动星火。第一、二、三次全国劳动大会连续在广州召开，全国工人运动的领导机关——中华全国总工会在广州诞生。中国社会主义青年团第一次全国代表大会在广州召开，促进了全国团组织的建立、发展。在"农民运动大王"彭湃领导下，农潮突起海陆丰影响全国。

1923年，中共中央机关一度迁至广州，中国共产党第三次全国代表大会在广州召开，推动形成了第一次国共合作，建立了国民革命联合战线，掀起了大革命的洪流。随后，在共产党人的建议下，黄埔军校在广州创办，周恩来等共产党人为军校的政治工作和政治教育作出了重要贡献，中国共产党也从黄埔军校开始探索从事军事活动。在共产党人的提议下，农民运动讲习所在广州开办，先后由彭湃、阮啸仙、毛泽东等共产党人主持，红色火种迅速播撒全国。1925年，广州和香港爆发省港大罢工，声援五卅运动，成为大革命高潮时期一个十分引人注目的重要斗争。1926年，在统一广东革命根据地后，国民革命军在广州誓师北伐，以共产党员为骨干的北伐先锋叶挺独立团所向披靡，铸就了铁军威名。在北伐战争胜利推进的同时，广东共产党组织和党领导的革命队伍迅速扩大和发展，全省工农群众运动也随之进入高潮。

1927年"四一二"反革命政变以后，广东共产党组织在全国较早打响反抗国民党反动派血腥屠杀的枪声，广州起义与南昌起义、秋收起义一起，成为中国共产党独立领导中国革命、创建人民军队的伟大开端。随后，广东党组织积极探索推进工农武装割据，在海陆丰建立第一个县级苏维埃政权，并率先开展土地革命，开启了中国共产党领导人民进行的最重大的社会变革。与此同时，广东中央苏区逐步创建和发展起来，为中国革命的发展作出了不可磨灭的贡献。1931年，连接上海中共中央机关与中央苏区的中央红色交通线开辟，交通线主干道穿越汕头、大埔，成功转移了一大批党的重要领导，传送了重要文件和物资，成为土地革命战争时期党的红色血脉。1934年，中央红军开始了举世瞩目的长征，广东是中央红军从中央苏区腹地实施战略转移后进入的第一个省份，中央红军在粤北转战21天，打开了继续前进的通道，成功走向最后的胜利。留守红军在赣粤边、闽粤边和琼崖地区进行了艰苦卓绝的游击战争，高举红旗永不倒。

抗战全面爆发后，中共中央和中共中央长江局、南方局十分重视和加强对广东党组织的领导，选派了张文彬等大批干部到广东工作。日军侵入广东以后，广东党组织奋起领导广东人民开展敌后抗日游击战争，成立了东江纵队、琼崖纵队、珠江纵队、广东人民抗日解放军、南路人民抗日解放军和韩江纵队等抗日武装，转战南粤辽阔大地，战斗足迹遍及70多个县市。华南敌后战场成为全国三大敌后抗日战场之一，党领导的广东人民抗日武装被誉为华南抗战的中流砥柱。香港沦陷以后，在中共中央的领导和周恩来等人的精心策划安排下，广东党组织冲破日军控制封锁，成功开展文化名人秘密大营救，将800多名被困香港的文化名人、爱国民主人士及家眷、国际友人等平安护送到大后方，书写了抗战史上的光辉一页。

解放战争时期，在中共中央的领导下，华南地区大力开展武装斗争，开辟出以广东为中心的七大块游击根据地，成立了中国人民解放军琼崖纵队、粤赣湘边纵队、闽粤赣边纵队、桂滇黔边纵队、粤中纵队、粤桂边纵队和粤桂湘边纵队等人民武装，其中仅广东武装部队就达到8万多人，相继解放了广东大部分农村，在全省1/3地区建立起人民政权，为广东和华南的解放创造了有利条件。在广东党组织的配合下，人民解放军南下大军发起解放广东之役，胜利的旗帜很快插遍祖国南疆。

革命烽火路，红星照南粤。广东见证了中国共产党从新生到大革命、土地革命，再到抗日战争、解放战争等革命斗争全过程。其间，毛泽东、周恩来、刘少奇、朱德、邓小平、叶剑英、彭德怀、刘伯承、贺龙、陈毅、聂荣臻、徐向前、李富春、粟裕、陈赓等老一辈革命家和李大钊、蔡和森、瞿秋白、陈延年、彭湃、叶挺、杨殷、邓发、张太雷、苏兆征、杨匏安、罗登贤、邓中夏、恽代英、萧楚女、阮啸仙、张文彬、左权、刘志丹、赵尚志等一大批革命先烈都在广东战斗过，千千万万广东优秀儿女也在革命斗争中抛头颅、洒热血，留下了光照千秋的革命历史和革命精神。广东这片红色热土，老区苏区遍布全省，大大小小的革命遗址分布各地，留下了宝贵而丰厚的红色文化历史遗产。

习近平总书记强调，中国革命历史是最好的营养剂。重温这部伟大历史能够受到党的初心使命、性质宗旨、理想信念的生动教育，必须铭记光辉历史、传承红色基因。我们有责任把党领导广东人民进行革命斗争的光辉历史和伟大功绩研究深、挖掘透、展示好，全面呈现广东红色文化历史，更好地以史铸魂、教育后人，让全省人民在缅怀英烈、铭记历史中汲取砥砺奋进的强大力量，让人们深刻认识红色政权来之不易，新中国来之不易，中国特色社会主义来之不易，确保红色江山的旗帜永远高高飘扬。

为充分挖掘广东红色文化资源的丰富内涵，我们组织省内党史、党校、社科、高校等专家学者，集智聚力分批次编写《红色广东丛书》。丛书按照点面结合、时空结合、雅俗结合原则，分为总论、人物、事件、地区、教育五个版块。总论版块图书，主要综述中国共产党在广东的革命斗争历史概况，人物版块图书主要讴歌广东红色人物，事件版块图书主要论说党领导广东人民开展革命斗争的历史事件，地区版块图书从地市和历史专题角度梳理广东地域红色文化，教育版块图书着力打造面向青少年及党员的红色主题教材。丛书以相关的文物、文献、档案、史料为依据，对近些年来广东红色文化资源研究成果做了一次全面系统梳理，我们希望这套丛书能为党史学习教育、革命传统教育、爱国主义教育提供重要内容支撑。

一切向前走，都不能忘记走过的路，走得再远、走到再光辉的未来，也不能忘记走过的过去，不能忘记为什么出发。站在"两个一百年"的历史交汇点上，我们要更加坚定自觉地学史明理、学史增信、学史崇德、学史力行，赓续红色血脉，传承红色基因，以一往无前的奋斗姿态、风雨无阻的精神状态，推动广东在全面建设社会主义现代化国家新征程中走在全国前列、创造新的辉煌。

《红色广东丛书》编委会

2021年6月

目　录

前　言 ……………………………………………… 001

第一章　投身五四运动 ……………………………… 007

正当邓中夏努力推进"北京大学平民教育讲演团"等各项工作之际，1919年4月底至5月初，由英、法、美、日、意五个帝国主义国家操纵的"巴黎和会"损害中国主权和中国外交失败的消息传到北京，引起了知识分子、青年学生和广大民众的极大愤慨。邓中夏看到北京的报纸登载中国外交失败的消息，更是义愤填膺。5月3日晚，北京大学1000多名学生和北京十几所学校的代表，在北大法科礼堂集会。北京大学学生会主席易克嶷沉痛地向大家报告了巴黎和会中国外交失败的经过，触发全场群情激愤。一位学生当场咬破中指，撕断衣襟，血书"还我青岛"四个大字。与会学生更是声泪俱下，热血沸腾。这时，邓中夏跳上台慷慨激昂地说："大家不要哭了！

我们要外争国权，内惩国贼。我们要求政府，坚决拒绝在和约上签字，要废除二十一条。我们要抗议，我们要拿出实际行动反对帝国主义，我们要立即组织游行示威！"经过大家商议，决定于次日（4日）举行游行示威。

第二章　领导早期工运 ·························· 039

邓中夏就任中国劳动组合书记部总部主任后，全国工人运动继续高涨，罢工浪潮一浪高于一浪。仅从1922年9月至12月的4个月中，全国发生罢工共计141次。罢工以中国劳动组合书记部总部和各地分部所在地为中心，形成几个罢工重点地区，计有海员罢工潮、铁路罢工潮、矿山罢工潮、武汉罢工潮、湖南罢工潮、上海罢工潮、广东罢工潮等。这些罢工潮，构成了全国工人运动发展的总态势。

第三章　参与领导省港大罢工 ··························· 075

在工人运动勃兴的形势下，中共广东区委、中华全国总工会及时领导开展了一场省港工会统一运动。邓中夏不辞劳苦，深入细致地做香港各工会头目的思想工作，对各行业的工会进行改组，选拔了一批优秀工人充实到各级工会的领导层中，纯洁了工会队伍，为建立统一的香港总工会提供了前提条件。1926年4月，香港总工会第一次会员代表大会在广州召开。会议听取了邓中夏的政治报告，讨论通过了《香港总工会组织章程》，选举产生了总工会领导机构，宣告香港总工会正式成立。大会闭幕时，邓中夏作了《我们要巩固已建成的炮台》的报告。统一了香港的工会组织后，邓中夏等人又对广州的工会组织进行了整顿，统一调整，加入工人代表大会的工会共200多个，会员达19万人。工会统一运动进一步壮大了共产党领导的工人组织，并带动了广东各界革命团体的大联合。

第四章　从莫斯科到湘鄂西 ················· 115

中共六大会议期间，邓中夏踊跃发言。据记录，他发言有4次，在6月22日和26日讨论政治报告时发言，在政治委员会议发言，在7月6日职工运动讨论时发言。他在发言中坚持马克思主义立场，同时与右倾和"左"倾错误作不妥协的斗争；对于一些同志的错误当面提出批评。如在讨论职工运动报告时，邓中夏曾指出：这个决议草案，几乎是从五卅运动说起的，关于五卅前的没有说到。他参加了各种重要决议案的起草工作，积极参加各委员会的讨论，对许多问题都提出有益的意见，并向大会提出了不少积极的建议。邓中夏还代表苏维埃运动委员会向大会报告了《苏维埃组织问题决议大纲》，并获得大会顺利通过。

第五章　坚持地下斗争 ················· 147

在狱中，首先，敌人对邓中夏进行秘密审讯。审讯法官指控邓中夏"危害民国"。邓中夏理直气壮地说："这算什么罪？我根本没有犯罪！像你们这帮贪污腐化、男盗女娼、屠杀人民的'民国'，早就该推翻了！"其次，对邓中夏施用酷刑。敌人的老虎凳、电刑、鞭子、杠子等各种刑具都用上了，把邓中夏折磨得皮开肉绽，伤痕累累。但敌人的刑具也无法摧毁邓中夏坚强的革命意志。同监难友称"他真是一位铁汉子！"再次，敌人启用国民党高官要人对邓中夏"劝戒"。邓中夏……接着指出："你们跟着蒋介石背叛革命，屠杀人民，向帝国主义献媚、投降。……你们犯的罪孽，真是罄竹难书！"最后，敌人使出通过叛徒前来劝降一招，这更为邓中夏所不齿。

前 言

　　邓中夏是中国无产阶级革命家和理论家，中国工人运动的开拓者和杰出领袖，是中国最早的一批马克思主义者和共产党早期组织创建者之一。是中共第二届中央执行委员会执行委员、第三届中央执行委员会候补委员、第五届中央委员会委员，中共八七会议当选为中共中央临时政治局候补委员，是中共六大主席团成员、第六届中央委员会候补委员。

　　邓中夏自从参加革命，就绝不畏缩，永不反悔。正如他自己宣示的："就是把邓中夏的骨头烧成灰，他也是个共产党员！"他以坚定的马克思主义理想和信念，铸就了自己光辉的一生。2009年9月，他被中共中央宣传部、中央组织部、中央统战部、中央文献研究室、中央党史研究室、民政部、共青团中央、解放军总政治部等11个部门联合组织评选为"100位为新中国成立作出突出贡献的英雄模范人物"之一。这是党和人民对他最崇高的褒奖。

　　早在五四运动前，邓中夏就发起创办北京大学平民教育讲演团，"以增进平民智识、唤起平民之自觉心"为宗旨。在五四运动中，他积极投身运动，成为其中的重要骨干。1920年3月，他协同李大钊成立了北京大学马克思学说研究会。同年11月，他加入了北京的共产党早期组织"共产党北京支部"，成为第一批中国共产党党员。1921年初，他创办了长辛店劳动补习学校，5月成立了工会组织"长辛店工人俱乐部"。同年底，他参与恢复整顿北京社会主义青年团组织，担任北京青年团执行委员会首席委员（书记）。

1922年7月，邓中夏在中共二大被选为中央执行委员会委员后，担任了中国劳动组合书记部总部主任，参与领导全国工人运动。1923年3月，他被聘为"红色大学"上海大学校务长。8月，任第二届中国社会主义青年团临时中央局委员长，主持团的全面工作。

第一次国共合作后，邓中夏曾任中共中央专门设置领导上海日资纱厂工人罢工的罢工委员会负责人。随后南下广州出席第二次全国劳动大会，参与筹备建立中华全国总工会，被中共中央任命为中华全国总工会党团书记，当选为中华全国总工会秘书长兼宣传部部长。五卅运动后，他亲赴香港组织工人罢工。省港罢工爆发后，任中共广东区委省港罢工委员会党团书记，省港罢工委员会顾问、工人纠察总队训育长，为推动省港大罢工和工人纠察队的建设做了大量的工作。

大革命失败后，为了挽救革命，邓中夏以中共中央秘书长的身份，参加筹划了南昌起义。随即又投入中共八七会议的筹备工作，并在会上当选为中央临时政治局候补委员。尔后，他先后担任中共江苏省委书记、广东省委代理书记。1928年6、7月间，他先后参加了在莫斯科举行的中共六大和共产国际第六次代表大会，随后任中共常驻共产国际代表团成员和中华全国总工会驻赤色职工国际的代表。1930年7月，邓中夏奉命从莫斯科回到上海，担任中华全国总工会党团成员兼宣传部部长。8月，调任中共湘鄂西苏区特委书记和中国工农红军第二军团（简称红二军团）政治委员，为巩固和发展苏区竭心尽力。随后，他在王明"左"倾教条主义错误的影响下被撤销了一切领导职务，于1931年底返抵上海。1932年11月，担任中国革命人道互济总会主任兼中共党团书记。1933年5月15日，邓中夏不幸被捕。由于被叛徒出卖，于9月21日被国民党杀害于南京雨花台。牺牲时，年仅39岁。

　　邓中夏的一生，经历过党的创立时期、大革命时期和土地革命战争时期，无论是在白区或红区、平时或战时、挫折或含冤、顺境或逆境中，他始终抱着忠于党和中国革命事业的理想与信念，把准革命的人生坐标，赋予自己生命的价值。邓中夏之所以被党和人民授予英雄模范称号，正是因为他和无数革命先烈用自己的青春和生命，激发起中华民族熊熊燃烧的革命火焰，唤醒亿万被压迫民众为自由解放而抗争，促使革命人民迸发出强大的力量，最终迎来了中国革命的胜利。

邓中夏的革命业绩永远值得缅怀！

邓中夏的革命精神永远照耀人间！

第一章 投身五四运动

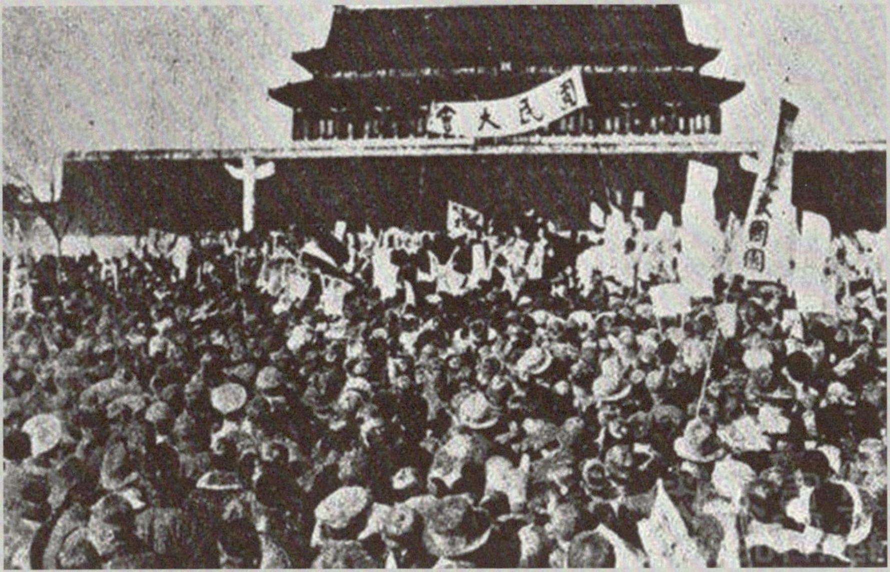

1913年邓中夏在郴县中学
时留影

一、天安门集会游行

一个革命者的人生旅途，犹如由许多亮点构成的一条红色的主线。这条主线集中体现了一个革命者的人生取向和社会价值。投身五四运动，就是邓中夏一生中的第一个大亮点，也是他一生光辉业绩的重要开端。

1894年10月5日，邓中夏出生于湖南省宜章县五岭乡邓家湾村的一个书香之家。族谱名为邓隆渤，字仲澥，曾用名有邓康、大墼、邓重远、丁智深、仲海、天齐等。他的父亲邓典谟是个清朝举人，当过衡山县知事、湖南省参议会议员

邓中夏故居。1994年由政府重修，江泽民题字。

等职，国学功底比较深厚，对邓中夏文学基础的形成有很大影响。邓中夏的母亲欧阳庚翠是个朴实的农村妇女，邓中夏从小就接受了母亲诚实待人的教导。邓中夏的青年时代，正是中国处于风雨飘摇、半殖民地半封建化日益加深的年代。他从8岁进私塾起，到村初级小学、县立高等小学、郴县中学，直至考入湖南高等师范学校（简称"湖南高师"）文史专修科，一路走来，慢慢感受到朝政腐败，国事日非。特别是他在湖南高师就学期间，通过杨昌济（既是湖南高师的教授又是毛泽东就读的湖南第一师范教师）的关系，结识了毛泽东，二人常在长沙橘子洲头评论时政，"指点江山"。

邓中夏在湖南高师毕业后，于1917年随父亲前往北京，7月以"邓康"之名考进了北京大学国文门（中文系），开始新的学习生活。邓中夏进入北大前半年，适值著名教育家蔡元培出任北京大学校长。蔡元培开始对北大以往的陈旧封建教育传统和陈腐校风进行一系列重大改革，提出"循'思想自由'原则，取兼容并包主义"，并广揽有真才实学的学界名流诸如陈独秀、李大钊、胡适、刘半农、周作人、周树人（鲁迅）等具有新思想的新派人物前来任教，开创了北大一代新风。尤其是新文化运动在北大的迅猛发展，树立了"民主"与"科学"两面旗帜，内容包括"提倡民主，反对专制；提倡科学，反对迷信；提倡新道德，反对旧道德；提倡新文学，反对旧文学"，实行文学革命。这批新派人物和这股新文化新风，给邓中夏造成极大的冲击和震撼，使他深受

湖南高师旧址——长沙岳麓书院

北京大学旧址——红楼

感染。1919年2月15日，邓中夏给校长蔡元培写了一封信，信中摘录其朋友给他信函中的内容，希望校长在各地推广，多设立"阅书报室"，让广大民众有一个学习场所，以启蒙民德民智，关心国家大事。

邓中夏就读北京大学不久，俄国爆发了十月社会主义革命，这是人类历史上一个划时代的事件。俄国十月革命胜利后，日本在反对苏维埃俄国的同时，加紧对中国的侵略和掠夺，于1918年5月诱迫北京段祺瑞政府先后签订了《中日陆军共同防敌军事协定》和《中日海军共同防敌军事协定》（即《中日共同防敌军事协定》）。这一丧权辱国的"军事协定"签订消息一传开，激起了青年学生和广大民众的愤慨！对此，邓中夏深为祖国前途而担忧。他四处奔走，联络校内外同学，奋起反对这一"军事协定"。5月21日，他参与组织了

北京大学读书时的邓中夏

北京大学、北京高等师范学校、北京专门工业学校、北京法政专门学校等校学生2000多人，前往新华门向北洋政府请愿，要求总统冯国璋出来接见。在学生的压力下，冯国璋硬着头皮接见了学生代表，敷衍搪塞欺骗了学生。各校学生第二天就复课了。实际上，这一军事协定并没有被废除。不过，这一事件，也使邓中夏吃一堑，长一智，初步认识了革命斗争的复杂性，经受了一次实际的锻炼。这次斗争是中国近代以来广大青年学生第一次有组织有规模的反帝反封建斗争，是五四运动的前奏和预演。

反"军事协定"事件后，邓中夏等青年学生深深感到，要救国的当务之急，一要结成团体，二要开辟阵地，三要启发民智。于是，在邓中夏的参与策动下，他们于1918年5月下旬就成立了"北京学生救国会"（初名为"北京学生爱国会"），以救国图存为宗旨。邓中夏为总务部干事。该会利用当年暑假派学生代表南下天津、济南、上海、武汉、广州等地，联络各地爱国学生，拜访孙中山、廖仲恺等政要，使救国会成为带有全国性的爱国团体。同年10月，邓中夏等又发起成立《国民》杂志社，并于1919年1月1日出版了第一号《国民》杂志（月刊），旨在号召国民奋起救国，参与反帝、反军阀斗争。邓中夏任编辑干事。他以"大壑"的笔名发表了《中日新交涉》《国防军与日本》《和平会议之经过》等一系列政论文章，揭露"日本既助长军阀派之专横，今复干涉我之和议"的险恶阴谋。1919年3月7日，邓中夏（当时用

《国民》杂志第一卷第三号

名邓康）等发起成立"北京大学平民教育讲演团"。邓中夏
在其"征集团员启事"中开宗明义称："本校学生邓康、廖
书仓等近发起组织'北京大学平民教育讲演团'，以教育普
及与平等为目的，以露天讲演为方法。"同一天公布该团的
"简章"中申明："本团以增进平民智识、唤起平民之自觉
心为宗旨。"3月23日，该团正式成立，邓中夏、廖书仓为总
务干事。该团成立后，邓中夏等曾到北京东便门内蟠桃宫等
地演讲，号召广大民众迅速奋起，救国图强。

　　邓中夏参与发起成立的北京学生救国会、《国民》杂志
社和北京大学平民教育讲演团的许多成员，在稍后爆发的

北京大学平民教育讲演团宣讲所旧址

五四运动中的邓中夏

五四运动中，都成为重要的组织者、领导者和积极参加者。他们不仅为五四爱国运动作了先前的准备，而且在五四运动中发挥了重要作用。

正当邓中夏努力推进"北京大学平民教育讲演团"等各项工作之际，1919年4月底至5月初，由英、法、美、日、意五个帝国主义国家操纵的"巴黎和会"损害中国主权和中国外交失败的消息传到北京，引起了知识分子、青年学生和广大民众的极大愤慨。邓中夏看到北京的报纸登载中国外交失败的消息，更是义愤填膺。5月3日晚，北京大学1000多名学生和北京十几所学校的代表，在北大法科礼堂集会。北京大学学生会主席易克嶷沉痛地向大家报告了巴黎和会中国外交失败的经过，触发全场群情激愤。一位学生当场咬破中指，撕断衣襟，血书"还我青岛"四个大字。与会学生更是声泪俱下，热血沸腾。这时，邓中夏跳上台慷慨激昂地说："大家不要哭了！我们要外争国权，内惩国贼。我们要求政府，坚决拒绝在和约上签字，要废除二十一条。我们要抗议，我们要拿出实际行动反对帝国主义，我们要立即组织游行示威！"经过大家商议，决定于次日（4日）举行游行示威。

为了做好游行示威的准备和有关事宜，5月4日上午10时，邓中夏又参加了在堂子胡同召开的12所学校代表会议（另有陆军学校代表列席）。据邓中夏稍后（5月11日）述及，这次会议主要决定："（一）拍电国内外；（二）唤醒各地国人；（三）预备七日的国民大会（引者按：'七日'，是

1919年5月4日，北京学生在天安门前集会的情景。

'五七国耻日',指1915年5月7日日本政府向中国袁世凯政府发出最后通牒,胁迫袁世凯签订旨在灭亡中国的'二十一条'的日子);(四)组织北京学生对外的永久机关;(五)本日下午大家游行示威。"

5月4日13时许,邓中夏等带领北京大学学生队伍向天安门进发。但途中却遭到北洋政府教育部次长和步兵统领、警察总监等军警政人员的阻拦。顿时,邓中夏领着大家高呼"打倒卖国贼!""打倒帝国主义走狗!"伴随着口号声,他继续带领队伍奔向天安门。

13时30分,北京大学等13所大中专学校的学生3000多人,在天安门前集会。邓中夏和大家一样,手里拿着一面白旗。人们的白旗上写着"诛卖国贼曹汝霖、陆宗舆、章宗祥""还我青岛""头可断,青岛不可失""取消二十一条"等等。其中特别引人注目的是一幅几米长的大挽联,上面写着:"卖国求荣,早知曹瞒遗种碑无字;倾心媚外,不期章惇余孽死有头",横幅是"卖国贼曹汝霖、陆宗舆、章宗祥遗臭千古!——北京学界泪挽"。会场上演讲声、口号声此起彼伏,群情激烈。接着,学生队伍高呼着"外争主权、内除国贼"等口号,散发着传单,前往东交民巷日本驻华使馆抗议示威。当学生游行队伍在东交民巷受阻后,队伍就浩浩荡荡地经过户部街、东长安街、东单牌楼,直奔赵家楼胡同的亲日派官僚曹汝霖住宅。学生们冲入曹宅,虽然没有找到躲藏在暗室里的曹汝霖,却见到另一个亲日派卖国官僚章宗祥,学生们将章宗祥痛打一顿,并火烧曹宅。与此同时，学生们散发《北京学界全体宣言》。宣言指出："现在日本在万国和会要求并吞青岛……我们的外交大失败了！山东大势一去，就是破坏中国的领土！中国的领土破坏，中国就亡了！……务望全国工商各界，一律起来设法开国民大会，外争主权，内除国贼。中国存亡，就在此一举了！"宣言表示："中国的人民可以杀戮而不可以低头！国亡了！同胞起来呀！"邓中夏认为这份宣言是五四游行示威中最重要的内容，它起到了警醒同胞的作用。章宗祥被打后，北京政府派军警对学生进行镇压，逮捕示威学生32人。

5月5日，北京各大中专学校学生宣布罢课，并发出通电，请求各界营救被捕学生。在舆论压力下，加上各校校长全力担保，被捕学生才被释放。6日，北京中等以上学校学生联合会成立。邓中夏担任了学生联合会宣传股主任，继续积极开展反帝爱国宣传工作，大力推动反帝反封建爱国运动的发展。经过北京学生的宣传发动，随后天津、上海、广州、南京、杭州、武汉、济南等地的学生也行动起来，举行罢课。6月初，上海工人也举行了罢工，商人罢市。接着全国各地工人、商人也群起响应，支援学生的反帝爱国斗争。

五四运动是一次彻底的反帝反封建的爱国运动，是中国旧民主主义革命走向新民主主义革命的转折点，是新民主主义革命的伟大开端。在五四运动中，邓中夏不仅是积极的参与者，而且也是重要的策划者和组织者。他始终站在反帝爱国斗争的前列，堪称五四运动的先锋。

二、从红楼到曦园

北京五四集会游行后，爱国团体"中国国民外交协会"原定于5月7日（"五七国耻日"）在北京中央公园召开国民大会。当天邓中夏赶到时，看到中央公园大门已被封闭，周围聚集了七八万人。他想在公园门前和附近的人群中发表演说，但却被军警驱散了。邓中夏等学生骨干经过认真研究，认为爱国运动的重点虽在北京，但不能限于北京，仍需把全国的青年学生和广大民众动员起来，方能救国。

于是，北京学联会向全国各地派出代表，联络发动学生奋起救国。1919年5月中旬，邓中夏以北京学联会代表的身份前往湖南长沙，找到毛泽东，一起商量湖南如何响应北京学生开展反帝爱国运动问题。5月25日，毛泽东召集了各校20多名代表在楚怡学校（小学）开会。邓中夏应邀在会上介绍了北京学生运动的情况，鼓励大家迅速行动起来，为挽救国家的危亡尽自己的努力。经过毛泽东、邓中夏等的宣传发动，5月28日，学生们成立了新的湖南学生联合会，发表了《罢课宣言》，随即实行罢课，使湖南的广大青年学生投入到反帝爱国运动中。湖南的学生发动起来后，邓中夏即赶回北京，又参加新的斗争。

6月3日，由于北京政府为曹汝霖、章宗祥、陆宗舆辩护，并命令取缔学生的一切爱国行动，更激起邓中夏等大批学生走上街头进行大规模演讲。邓中夏前往前门箭楼站在方桌上演讲时，吸引了大批学生和民众，直至下午，前门大栅栏一带都被学生和群众挤得水泄不通。但北京政府竟然出动军警把邓中夏等爱国学生逮捕，押到了午门内。在午门内，邓中夏还向军警演讲，希望他们猛醒，奋起救国。这是邓中夏第一次被捕。当天被捕的学生达170多名，第二天又有700多名学生被捕。直至5日，在广大学生和社会的压力下，邓中夏等人才被释放。

随着五四运动的发展，就在邓中夏被释放的当天，即6月5日，上海的工人自动举行罢工。继而全国20多个省100多个城市工人也掀起罢工浪潮。这标志着中国工人阶级开始以独立的姿态登上政治舞台。正如邓中夏所说："中国工人阶级的政治罢工开始于这一次，后来中国工人阶级能发展自己阶级的独立力量与独立斗争，显然的，此次罢工有很大的影响。"

五四运动后，本来邓中夏曾经有一次和罗家伦等人免费前往巴黎留学的机会，但他却淡然处之。他说："要做学问，自己在国内也可以做，不一定非要出国。再说，去了，学生运动也不能搞了，难道干学生运动的目的，就是为了争取留学么？"他经过严肃认真的思考，认为当务之急就是要创造一个学习研究的环境，广泛接触各方面的知识，研究各种主义，辨明优劣，从中寻求救国之道。

1919年8月间，邓中夏租了北京东皇城根达教胡同4号

（今为7号）的四合院，院内有20多间空房子，作为学友们聚集学习研究的场所和住地。邓中夏给这家公寓起了一个名字叫"曦园"，寓意住在这里的人，就应该像东方晨曦，焕发出青春的活力。住进这里的有邓中夏、张国焘、罗敖阶（罗章龙）、杨人杞（杨东莼）、易克嶷等10多人。大家搬进曦园后，邓中夏首先拟定一份"生活公约"，要求各人生活自理，公约需每人签名，共同遵守。同时拟定一份"学习公约"，要求大家凑钱购买书籍、订阅报纸杂志，在每省都订一份报纸。他还根据社会科学、理科外文、外国语文等自学研究小组的实际情况，拟订了读书计划，包括基础理论和实用科学两大部分，侧重于马克思主义理论。正如后来罗章龙回忆："对于在苏俄十月革命以后进到中国的马列主义书刊也非常关心阅读。"

邓中夏入住曦园不久，收到了他的好友毛泽东从长沙寄来的一封信，里面装有十几份毛泽东于同年9月1日为"问题研究会"撰写的《问题研究会章程》。邓中夏阅后，觉得章程中提出的问题很有研究的必要，便拿到10月23日的《北京大学日刊》公开发表，并于同期发表《邓康启事》："我的朋友毛君泽东，从长沙寄来问题研究会章程十余张。在北京的朋友看了，都说很好，有研究的必要，各向我要了一份去。现在我只剩下一份，要的人还不少，我就借本校日刊登出，以答关心现代问题解决的诸君的雅意。"（署名：邓康）

为什么邓中夏这么重视这份章程？因为这份章程罗列了

"曦园"旧址——北京东皇城根达教胡同4号，今为7号。

71项144个问题，内容涵盖了政治、经济、文化、军事、外交和科学技术等各方面问题。诸如社会主义能否实施、中央地方集权分权、普通选举、经济自由、教育普及、勤工俭学、劳工住屋、工人退职年薪，等等。可谓内容丰富，涉及面广，包罗万象。章程中还特别提出："问题之研究，须以学理为根据。因此在各种问题研究之先，须为各种主义之研究。"邓中夏之所以把毛泽东制定的《问题研究会章程》公开刊登，这反映出邓、毛二人对社会现实问题具有广泛的共识和强烈的问题意识。现实问题的提出，反映了时代的声音，是一个革命者使命感的体现。并且，又把研究主义作为研究问题的前提，把研究问题与研究主义统一起来。因此，邓中夏在曦园内就鼓励大家可结合这些问题进行研究。

邓中夏等在曦园自学研究这段时间，也正是中国各种新思潮、新学说、新主义竞相并起、众说杂陈的时期。诸如科学社会主义、基尔特社会主义、无政府主义、工团主义、互相主义、新村主义、合作主义，等等，特别是自五四运动后，先进的知识分子热衷于马克思科学社会主义的研究，引起资产阶级学者的不满。胡适就发表了《多研究些问题，少谈些"主义"》一文，引发了一场"问题与主义"的论战。在这场论战中，邓中夏初步认定了科学社会主义，孕育了对马克思主义的信仰。后来，邓中夏回顾说："'问题与主义'之争以后，接着又是社会主义各派别的斗争。在此次混战中，马克思主义派在形式上曾将各派各个击破，但无政府主义在中国有最老的资格和相当的浓厚基础，特别是在广东，于是就在广东方面发生马克思主义和无政府主义之争。结果，也算马克思主义派取得了胜利。"这场论战，对知识分子产生了重大影响。邓中夏正是受其影响，思想上才逐步从民主主义向马克思主义转变。

邓中夏虽然在曦园自学研究，但并不囿于这块小天地。他的眼光早已投向社会，展视未来。1919年10月9日，邓中夏参加了李大钊等人于同年7月1日在北京成立的"少年中国学会"，并被推举为庶务部主任。这个学会是以"本科学的精神，为社会的活动，以创造'少年中国'"为宗旨，坚持"一奋斗，二实践，三坚忍，四俭朴"的信条。学会的成员包括向往俄国十月社会主义革命者、从事反帝爱国运动的国内学生、反对日本侵占山东而归国的留日学生。邓中夏以"邓仲澥"为名填写的《少年中国学会会员终身志业调查表》表明其"终身欲研究之学术：达尔文生物学说，马克思经济学说"。这说明从这时起，他已经开始崇尚马克思主义，并把被恩格斯列为19世纪自然科学三大发现之一的达尔文"进化论"作为自己的研究内容。由于他在学会中发挥了中坚作用，所以被推举为学会第二届（1920—1921）执行部主任，第三、第四、第五届（1921—1924）评议员。他还在学会创办的刊物《少年中国》中发表了一系列文章。如他刊登在该刊第3卷第6期的《少年中国学会社会主义研究会研究方法和题目》（1921年11月21日）中，就把"马克思社会主义"列

1920年"少年中国学会"成立一周年部分成员在岳云别墅合影(左二邓中夏、左四张申府、左八李大钊、左九黄日葵)

为第一个题目，研究内容有"唯物史观""阶级战争""剩余价值""无产阶级专政"。由此可看出邓中夏的思想脉络和政治指向。

三、参加北京的共产党早期组织

经过五四运动的洗礼，邓中夏的思想发生了深刻的变化。他不仅体验到了爱国青年学生群体的力量，更感受到"中国工人阶级能发展自己阶级的独立力量与独立斗争"的强大威力，而且通过接触、研究、比较各种问题、思想、主义，在思想上也有了一个比较明晰的选择，更专注于马克思主义的研究。

1920年3月31日，在李大钊的倡导下，邓中夏和范鸿劼等发起在北京大学秘密成立了一个"马克思学说研究会"（当时"马克思"翻译为"马克斯"或"马克司"），会员10多人。1921年12月16日，研究会在《北京大学日刊》上发表《发起马克思学说研究会启事》公开身份后，又吸收了大批会员。这个研究会申明："以研究关于马克斯派的著述为目的"；"对于马克斯派学说研究有兴味的和愿意研究马氏学说的人，都可以做本会底会员。入会手续，由会员介绍或自己请愿，但须经会中认可"。该会设立了"劳动问题""共产党宣言""远东问题"三个特别研究组，后来又扩大研究范围，增加了若干研究组，对唯物史观、阶级斗争、剩余价值、无产阶级专政、社会主义史、俄国革命、经济史等开展研究。其研究方法是：通过收集马克思、恩格斯原著和有关马克思主义书籍，翻译马克思主义著作，举办讨论会和讲演会，出版有关著作等。还设立了专门图书室，取名"亢慕义斋"（"亢慕义"为英文Communism的译音，意为"共产主义室"，亦有译为"康幕尼斋"）。

马克思学说研究会是中国最早学习、研究和宣传马克思主义的重要团体。邓中夏作为发起者之一和重要骨干，首先自己如饥似渴地学习马克思主义的基本原理和社会主义知识，同时还把学到的革命知识结合中国的社会现实，在北京东城、南城、北城等地向民众宣讲。1920年5月1日，他还带领几位学友前往北京郊区长辛店，在工人中进行宣传和联络工作。在此前后，李大钊和研究会成员也在北京对人力车工人等生活状况进行调查，并向他们进行宣传教育，以提高思想觉悟。这个研究会不仅为建立共产党早期组织作了思想理论的准备，而且也作了干部（组织）的准备，为北京共产党早期组织的建立起了重要作用。

在李大钊、邓中夏等加紧筹划马克思学说研究会之际，1920年春，经共产国际批准，俄共（布）远东局海参崴（今符拉迪沃斯托克）分局外国处派出全权代表维经斯基等人来到北京，会见了李大钊，了解五四运动后中国革命运动的情况和研究有关建立共产党组织问题。随后，李大钊介绍维经斯基一行去上海会见陈独秀。在维经斯基等的帮助下，陈独

马克思学说研究会办公室和图书室（亢慕义斋）旧址

马克思学说研究会部分成员合影，后排左七为邓中夏。

秀首先在上海建立了上海的共产党早期组织，取名"中国共产党"。这期间，陈独秀和李大钊密切联系，加快了北京的共产党早期组织的建立。

1920年10月，北京的共产党早期组织在北京大学图书馆李大钊的办公室正式成立，取名"共产党小组"（稍后改为"共产党北京支部），李大钊为书记。邓中夏正式加入了北京的共产党早期组织。马克思学说研究会19名发起人中，如张国焘、罗章龙、范鸿劼、高君宇（高尚德）、何孟雄（何孟宏）、黄日葵、吴汝明、朱务善、刘仁静、李骏等多数人都加入了该组织。邓中夏等10多人就包含在中国共产党创立时的50多名党员之中，成为全党第一批党员。从此，邓中夏从一个爱国的民主主义者转变为一个马克思主义者。

邓中夏加入共产党组织后，在继续认真学习研究马克思主义的同时，做了大量的工作。

一是参与创办北京共产党组织指导工人运动的刊物《劳动音》周刊。邓中夏以"心美"的笔名撰写了发刊词《我们为什么出版这个〈劳动音〉呢?》，此文指出："'劳动'是人类生存在世界上第一个要件"，"劳动就是进化的原动力，劳动就是世界文明的根源，劳动就是增进人生的幸福，故我们出版这个《劳动音》，来提倡那神圣的'劳动主义'，以促世界文明的进步，增进人生的幸福"。这个刊物通过介绍国内外工人阶级的劳动状况、政治经济斗争、科学技术知识等，着力提高工人的觉悟，"以促进国内劳动同胞的团结，

《劳动音》创刊号封面

长辛店工人俱乐部（工会）旧址

及与世界劳动者携手，共同去干社会改造的事情"。

二是创办长辛店劳动补习学校，建立工会组织。1920年冬，邓中夏在北京市内深入人力车夫等工人中开展宣传的同时，曾多次到距北京20多公里的长辛店铁路工厂开展宣传工作并建立密切联系。经过邓中夏等的广泛发动和紧张筹备，于1921年元旦，邓中夏等人正式开办了长辛店铁路工人劳动补习学校。北京共产党组织专派了三名教员（社会主义者）前往任教。当时长辛店的铁路工厂是北京最大的工厂，有3000多工人，而劳动补习学校培训了2000多名工人。5月1日，长辛店铁路工人举行纪念五一国际劳动节大会，并宣告"长辛店工人俱乐部"（工会）成立。

三是与无政府主义者进行斗争。在北京五四运动爆发时，已有几十名无政府主义者开始活动，鼓吹个人自由，反对无产阶级专政。北京共产党早期组织刚成立时，也有无政府主义者加入，宣扬无政府主义观点。经过李大钊、邓中夏等人的斗争，无政府主义者终于败下阵来。邓中夏代拟的《北京共产主义组织给中共一大的报告》中说"去年（1920年）十月这个组织成立时，有几个假共产主义者混进了组织，这些人实际上是无政府主义分子，给我们增添了不少麻烦，可是由于过分激烈的言论，他们使自己和整个组织脱离了。"随后，邓中夏等既对无政府主义者展开笔战，又举行公开辩论或私人谈话。1920年10月间，英国哲学家罗素在上海讲学宣扬基尔特社会主义时，邓中夏等也在北京组织辩论，批判了基尔特社会主义主张调和、改良、反对阶级斗争的理论。这种开展反对无政府主义和基尔特社会主义的斗争，对纯洁共产党的思想和组织具有重要意义。

四是协助筹备中共一大的召开。1921年3月至6月间，邓中夏应邀担任直隶高等师范学校国文科教授，重点讲授新文学，传播新文化。这期间适逢中共一大准备在上海召开。6月初，北京党组织召开会议研究有关参加中共一大事宜。会上，大家推举李大钊和邓中夏为出席一大代表，但因李大钊另有急务，而邓中夏早已应允7月赴南京参加少年中国学会南京分会年会和到重庆讲学，于是最后由张国焘和刘仁静为代表出席。尽管邓中夏无法出席一大，但他仍参与撰写了《北京共产主义组织给中共一大的报告》，并于6月下旬利用赴南京开会之机前往上海，与先到会的一大代表共商建党大计。一大代表包惠僧忆述：中共一大"会议之前，各地代表都到达上海，住在法租界打铁浜博文女校楼上，毛泽东同志也住在这里。邓中夏同志当时应重庆各中学夏令营学术讲习会之约，定期前往讲学，不能参加我们的会议，但是他在博文女校同各地代表同住了三四日，他同每一个代表都交换过工作意见"。邓中夏还参与了一大文件的起草工作，为中共的创立尽了自己的努力。1921年7月，中共一大召开，宣告了中国共产党的建立。这是中国历史上开天辟地的大事件。邓中夏后来说："中国共产党成立了，中国工人阶级从此有了他们自己的政治领袖，开始引导他们走向革命斗

北京碧云寺。1921年6月下旬，邓中夏与刘仁静在此筹备中共一大。

争的大道。"

五是参与创建北京社会主义青年团组织。1920年秋，邓中夏就参加了北京社会主义青年团的筹建工作。但北京团组织成立后曾一度停止活动。1921年11月26日，北京社会主义青年团在北京大学第二院北大楼第一教室召开恢复大会。邓中夏出席大会并参加了团章的修改工作，后被推选为北京社会主义青年团地方执行委员会首席委员（书记）。按北京团组织"每三个月改选一次"的规定，他于次年3月任期届满。在其任内，他创办了《先驱》半月刊（1922年1月15日创刊，后为中国社会主义青年团机关刊物），并在创刊号用"重远"为笔名发表了《共产主义与无政府主义》一文，宣传马克思主义，批判无政府主义。

与此同时，邓中夏还参与发起成立"非基督教同盟"，开展"非基督教"运动，反对帝国主义利用宗教名义对中国实行文化侵略，以凝聚国民意识，弘扬中国传统文化。他在从事政治文化活动中，还非常关心家乡宜章的社会改造、发展实业、教育革新、人才培养等事宜，并提出了自己独到的见解。

随着革命形势的发展和工作的需要，从1922年夏起，邓中夏逐步把工作重点转向从事工人运动，肩负起国民革命新的使命。

《先驱》创刊号

第二章

领导早期工运

一、南下参加重要会议

1922年暮春时节，邓中夏肩负使命南下广州，先后参加了第一次全国劳动大会、中国社会主义青年团第一次全国代表大会、中共中央在广州召开的干部会议（广州会议）。同年7月，在上海召开的中共第二次全国代表大会上，邓中夏当选为中国共产党第二届中央执行委员会执行委员。

邓中夏之所以能来广州参加这些重要会议，主要是广州有比较宽松的政治环境。1920年11月，孙中山从上海返回广州后，于次年4月7日正式成立中华民国政府，孙中山被推选为中华民国非常大总统，使广州乃至广东处在一种革命的氛围里，出现了较为开明的政治局面。所以，共产国际代表于1922年1月到广西桂林拜会孙中山后，都认为"国民党的领袖多数都倾向于社会主义"。同年7月30日，苏联《真理报》发表文章称：中国"南方发展共产主义运动的条件很有利，在某种程度上甚至政府也希望运动有所发展"。这反映了孙中山革命政府的宽容和政治倾向，为革命活动的开展提供了重要基地。

1922年5月1日至6日，由中国共产党领导，以中国劳动组合书记部的名义发起的第一次全国劳动大会在广州召开。邓中夏出席了中国工人阶级这第一次全国性的盛会。他是以长辛店工会代表的身份出席的，并被推选为大会领导人之一。出席这次大会的有来自全国各地代表共173人，分别代表北京、天津、唐山、上海、武汉、长沙、南京、广州和香港等12个城市，以及京汉、京奉、陇海、粤汉各铁路和开滦、安源各矿山等100多个工会和34万名有组织的工人。其中以广州和香港的代表最多，约占80%。全国主要的铁路、矿山、海员等行业的著名工运人物均参加了大会，如京汉铁路代表邓中夏，京奉铁路代表邓培；香港海员代表陈生、苏兆征、林伟民，上海均安水手公所负责人朱宝庭等。

这次大会是中共中央为引导和加强对工人阶级的有组织地团结斗争，并使广大工人摆脱黄色工会的控制和影响，以中国劳动组合书记部的名义召开的。这是中国工人阶级的第一次全国性的盛会。是次大会得到了孙中山及广州中华民国政府的支持，政府在广州召开欢迎大会并提供帮助，将位于广州市素波巷的广东省立宣讲员养成所作为全国劳动大会的招待所。大会会场设在广州市河南的广东机器工会的大礼堂。邓中夏负责主持大会的筹备工作。他首先争取到上海、广州及北方的各大工会团体的支持，并依据"不分何党何派，只要是工会便邀请参加"的原则，于1922年4月10日，以中国劳动组合书记部的名义向全国各工人团体发出《关于召开中国第一次全国劳动大会的通告》，邀请各地的工会团体派代表前往广州参加大会。通告发出后，各地工会积极响应，纷纷报名赴会。与此同时，在上海总部设立招待处，为北方代表南下提供方便，又在广东分部设立大会筹备处，邓中夏与李启汉等中国劳动组合书记部工作人员亲力亲为，全力投入，使大会筹备工作有序地进行。

5月1日上午，出席全国劳动大会的代表和广州工人数万人云集广州市立第一公园（今人民公园）庆祝五一劳动节。会场高搭牌楼一座，门首横挂"庆祝五一国际劳动节纪念大会"横幅，门两边挂着"博爱互助""平等自由"的对联。陈独秀作《劳动节的由来及意义》的演讲，张国焘、张太雷和各地部分代表以及南洋工界代表也发表了演说。会后举行游行，游行队伍还沿途散发宣传品、舞狮、燃放爆竹，盛况空前。次日上午，第一次全国劳动大会在广州河南机器工会大礼堂正式举行，由张国焘代表大会筹备会作主持，中国劳动组合书记部南方分部谭平山代表筹备会报告大会的筹备经过。

大会的中心议题是"团结、统一、战斗"。大会总结了工人运动的经验，接受了中国共产党提出的"打倒帝国主义""打倒封建军阀"的政治口号，通过了《八小时工作制》《罢工援助》《全国总工会组织原则》等10个决议案。其中《全国总工会组织原则决议案》是由邓中夏提出的。他在提案中强调："工人阶级斗争力之强弱，全视工会组织法

广州市立第一公园

之良窳而定……故我们组织工会，应当以产业组合为原则。"并提议"凡能采用产业组合法的，都应一律采用产业组合法去组织工会；确不能采用产业组合法的，不妨用职业组合；务必将每个地方所有各产业组合和职业组合的工人，将来由各地方联合会组成全国总工会；在全国总工会未成立以前，先设一全国总通讯处，委托中国劳动组合书记部担任"。由于该原则代表了中国工人阶级的根本利益，得到了到会代表的一致通过。大会并公开发表《全国劳动大会第一次会议宣言》。宣言号召全国工人阶级团结起来，削平行帮，消除隔阂，不分地域，不分党派，不分男女老少，联合成一个阶级战线，反对国际帝国主义和封建军阀。大会还决定在全国总工会成立以前，将中国劳动组合书记部设为全国工人组织的总通讯机关，实

1922年5月第一次全国劳动大会代表合影

际上承认了它在全国工人运动中的领导地位。

大会期间，国民党广东支部开会欢迎并宴请与会代表，孙中山也接见了代表。这次大会是中国工人运动史上空前的盛会，大会成功"引导工人阶级开始走向全国团结的道路"。

为了开好这次会议，邓中夏在会内会外做了大量工作。他除在会上积极发表意见外，还参加小组会，听取汇报，并抽出时间找个别人谈话，了解情况，翻阅文件，预备讲稿。他充满革命激情，总是忙个不停，不知疲倦地工作到深夜。会议期间，邓中夏还应邀出席了广州工会、香港工会和海员工会举行的欢迎会，并在会上发表演说。参加过这次会议的谭天度说，看到邓中夏"这个学生出身的人……忘我的为工人阶级利益而努力奋斗，大受感动"。从此，"邓中夏同志成为我生平最喜欢和最敬佩的人物之一"。

由于当时广东自由的政治环境，在全国第一次劳动大会召开的同时，中国社会主义青年团第一次全国代表大会（以下简称为"青年团一大"）也于1922年5月5日至10日在广州召开。大会的开幕式与马克思主义纪念大会和欢迎全国劳动大会代表大会同时举行。出席大会的代表有蔡和森、邓中夏、张太雷、施存统等25人，代表上海、长沙、武昌、北京、天津等15个地方团组织和5000多名团员。邓中夏是以北京团组织负责人的身份出席大会的。中国共产党对青年运动十分重视，把青年团一大作为党的活动的重要组成部分。陈独秀、张国焘等中共领导人也出席了会议。共产国际也十分

中国社会主义青年团第一次全国代表大会旧址

《先驱》报道1922年5月召开中国
社会主义青年团第一次全国代表
大会

重视是次会议，派少共国际代表C.A.达林前来参加。

5月5日，青年团一大在广州东园开幕。大会的主要任务是制定和通过团的纲领及章程，建立团的中央领导机构。陈独秀在会上做了《马克思主义的两大精神》的演讲，青年共产国际代表C.A.达林在会上做了《国际帝国主义及中国社会主义青年团》的演讲。邓中夏在大会上报告了北京社会主义青年团的工作情况。这次大会制定了《中国社会主义青年团纲领》《中国社会主义青年团章程》，并通过了关于青年工人、农人生活状况改良等一系列决议案。《中国社会主义青年团纲领》中提出的"中国社会主义青年团对于各种运动当协同各种青年团体共同工作"，明确表达了建立联合战线的意向。大会选举产生了团中央执行委员会。邓中夏因党中央已决定由他担任中国劳动组合书记部主任，所以没有担任团中央的领导职务。这次大会宣告中国社会主义青年团正式成立，成为中国青年运动发展史上的一个里程碑。

在以上两个会议召开期间，少共国际代表C.A.达林在张太雷、瞿秋白陪同下与孙中山会晤，商谈国共合作的问题。孙中山赞成中共党员和社会主义青年团团员加入国民党，与国民党合作。尔后，中共中央局召开了有陈独秀、张国焘、谭平山、瞿秋白、张太雷、邓中夏等党、团负责人以及C.A.达林参加的干部会议。会议讨论并确定了党对全国劳动大会和青年团一大的指导方针，并就与国民党建立联合战线的问题进行了讨论。会上，张国焘等人持反对意见，而张太雷、

中國社會主義青年團綱領

資本主義的列强欲達到其侵略的目的，自然要努力破壞中國的獨立和自强，同時又因爲列强間的互相爭鬥，以收漁人之利，各自特別扶植其勢力所及的官軍武人使之互相爭鬥，以獲得特別的權利，在這種纏綿糾結的支配及競爭之下，遂使中國四分五裂，內亂愈使整理，例如列强更藉瓜分中國或共管中國。所以中國國內的特殊狀况，也是國際資本勢力造成的。

中國的分裂和內亂既甚於一日，加之又由於國際資本的扶植，漢奸、賣國賊，在現在及最近將來更能把中國的一切經濟生命盡量供給外國資本家，最廉價的原料之輸出，例如種種利益的割讓，最廉價的勞力之供給等等都是。

國際資本的壓迫日甚一日，中國農民與無產階級之失業和貧困就有相當的勢力仍未得着充分發展的機會，而粗糙中國社會的最多數最重要的分子，還是農人、小商人和小工廠主或工廠主階級，或知識者的小資產階級，這種小資產階級，受了國際資本和本國內武人所重壓迫，日在恐慌崩潰之中，於是其中的開明分子爲自身生存與發展起見，遂發生反抗外國資本帝國主義的侵略和反抗本國封建帝國主義的表現——一九〇〇年至一九〇二年義和團事件，正是資本帝國主義的勢力驅迫中國，使中國人起來直接以反抗封建帝國勢力的外形之表現。

一九一一年武昌革命印度，迫後革新階級，以剝除革新階級，後之意義。具體說起來，在政治和經濟這種反抗封建的民革、新戰爭，在抗政治和經濟種種形勢上有重大的意義。

中國和高麗等國就特別受世界資本主義的壓迫。因此印度、德、奧、法的殖民地，並且把世界資本帝國主義的列强先後在巴黎、華盛頓及日諾瓦會議中宣告和平，心實爲彼割裂世界，此等會議中互相衝突的暗礁，又將爲第二次世界戰爭的導火線。

其發生的原因完全由於英、法、德、奧互相爭奪，瓜分了德國的殖民地，毀滅了德、奧、法的殖民地，並且把世界資本帝國主義的經濟基礎，其猛烈殘破必將使新近完結的大戰爲尤甚。

一九一四年到一九一八年驚天動地的大戰就是亞洲、非、歐、美互相爭奪世界最近的大市場就是亞洲。因此印度、中國和高麗等國就特別受世界資本主義的壓迫，一方面又從歐美以外的國家。

日益擴張，其出產品的大部分并不銷售在歐美自己的國內，而輸出於歐美以外的國家。其結果，每個資本主義的國家都想日日擴張自己的市場，在銷售自己產品於本國家過剩的出產品，一方面又從歐美以外的市場，以銷售美以外的國家。

資本主義的國家都想日益擴張，這可怕的世界情形，完全爲歐美資本帝國主義所威脅。這可怕的世界情形，在最近十餘年間的世界情形，完全爲歐美資本帝國主義所威脅。

上次大戰的結果，使英國、日本對於東方各民族的侵略愈加厲害，如英國侵略印度，日本侵略高麗，更是一口吸歐其本國人民死於饑餓，日本侵略高麗，更是一口吸歐其本國人民死於饑餓。

高印度勞苦人民死於饑餓，日本侵略高麗，每年約三百族的侵略愈加厲害，如英國侵略印度，日本侵略高麗，每年約三百萬之多。

資本帝國主義在世界上爭奪一種形勢，中國最足爲資本帝國主義在世界上爭奪一種形勢。

英、法衝突又將相見於戰場，所以最近將來第二次大戰必不可免，而帝國主義的世界大戰場登起來，其猛烈殘必將新近完結的大戰爲尤甚。

日、美戰年低爲最近期間必不可免的趨勢，而帝國主義的世界大戰場登起來，其猛烈殘必將新近完結的大戰爲尤甚。

免的大戰場之一種方法，不過爲苟延將來必不可免的大戰場之一種方法。一方面彼此藉此稽延期間盡量收購小國和殖民地底精液或原料將勢力等，以補償其在大戰中的損失，并單備第二次大戰爲之基礎。

華盛頓和日諾瓦會議，不過爲苟延將來必不可免的大戰場之一種方法。

中国社会主义青年团第一次全国代表大会通过的《中国社会主义青年团纲领》

瞿秋白、邓中夏等则认为，"在反帝的资产阶级民主革命阶段与小资产阶级结成广泛的统一战线是必要的，和国民党联合以及共产党加入国民党都是必要的"。经过长时间的争论，大多数与会者认为同国民党合作是必要的。这次会议是党的创立时期在广州召开的一次重要干部会议，是中共党内酝酿国共合作的重要开端。

以上三个重要会议结束后，中共中央即于6月15日发表《中国共产党对于时局的主张》，主张同国民党及其他革命团体建立民主主义的联合战线。同年7月，在上海召开的中国共产党第二次全国代表大会上，邓中夏当选为中国共产党第二届中央执行委员会执行委员。

不久，邓中夏离穗返京，主持中国劳动组合书记部工作，同时仍然负责北京团组织的工作。

二、主持中国劳动组合书记部

中共二大对工人运动给予密切关注。大会通过的《关于"工会运动与共产党"的议决案》要求各地党组织集中力量组织产业工人工会。中共二大后，1922年8月，中国劳动组合书记部总部从上海迁到北京。中共中央任命邓中夏为中国劳动组合书记部总部主任，具体负责领导全国工人运动。为适应全国工人运动发展的需要，中国劳动组合书记部于上海、武汉、湖南、广东、济南设立分部，上海分部主任

中共二大会址纪念馆

1922年3月6日，香港海员和市民集会庆祝香港海员大罢工胜利。

袁大时（后叛变），武汉分部主任林育南，湖南分部主任毛泽东，广东分部主任谭平山，后冯菊坡（后脱党），济南分部主任王烬美。这一时期，中国劳动组合书记部的主要活动是按照党的二大提出的关于工人运动的要求，对工人进行宣传教育，开展劳动立法、组织工会和领导工人开展罢工斗争。

邓中夏根据中共二大《关于"工会运动与共产党"的议决案》的要求，领导劳动组合书记部总部和下属机构，集中力量组织产业工人工会，把目前利益和长远利益结合起来，迅速提高了工人阶级的觉悟，很快就使工人运动出现蓬勃发展的局面。邓中夏曾在《中国职工运动简史》中说："书记部当时确成了罢工的唯一领导者，在那样紧张的罢工工潮中，书记部的工作不用说是万分忙碌，差不多天天有特派员派出，遑遑于火车轮船道中；书记部的总机关报即为《工人周刊》，其他分部亦有机关报。"在邓中夏主持的中国劳动组合书记部总部和各地分部的指导下，各地罢工斗争取得许多重大胜利，在不同程度上改善了工人群众的劳动生活状况，工人的组织程度有了明显提高，出现了地方总工会和产业总工会，工人运动从要求增加工资、改善待遇发展到争取自由民主权利乃至反对封建军阀和反对帝国主义，中国工人阶级日益成长为具有全国影响的重要政治力量。

1922年8月，在直系军阀控制下的北洋政府为收买人心，宣称要重开国会，制定宪法，通电发表四大政治主张，其中一项便是"保护劳工"。中共决定利用这个机会，由中国劳

　　《工人周刊》于1921年7月由邓中夏等创办于北京，1922年改为中国劳动组合书记部的机关报。

动组合书记部提出《劳动法大纲》，要求国会通过，并且向全国各工人团体发出《关于开展劳动立法运动的通告》，动员全国工人广泛开展劳动立法运动。邓中夏根据中共中央的指示，代表劳动组合书记部起草了《劳动法大纲》，提出包括劳动立法的四项原则（即保护工人政治上的自由，改良经济生活，参加劳动管理，对工人实行劳动补习教育）和劳动立法大纲十九条（主要内容有：承认劳动者有集会结社、同盟罢工、缔结团体契约等权利，实行八小时工作制，保护女工、童工，保障劳动者的最低工资等）。中国劳动组合书记部于1922年8月17日在北京《晨报》上发表了此大纲，继而将此大纲发至全国各工会，号召各工会行动起来，广泛开展劳动立法运动。《劳动法大纲》得到各地工人的热烈拥护，各地工会迅速响应。唐山铁路、矿山、纱厂、洋灰厂等各工会首先响应，迅即在唐山成立"唐山劳动立法大同盟"，举行大规模的示威游行，并通电全国各团体及国会，要求赞同劳动组合书记部提出的《劳动法大纲》。继而，郑州铁路工会也通电全国和国会，要求将劳动组合书记部提出的《劳动法大纲》"采入宪法中"。与此同时，长沙等地也举行劳动立法大会，组织劳动立法大同盟，使劳动立法运动成为全国性的运动。

在此前1922年7月，为了让斗争做到有理有利，邓中夏又和毛泽东、林育南、谭平山、王烬美等代表中国劳动组合书记部总部及各地分部，向国会众议院递交了要求将《劳动法大纲》列入宪法的《请愿书》，要求国会"尽量采纳通过，规诸宪法"。邓中夏还在北京《晨报》上发表《中国劳动组合书记部总部邓中夏等的请愿书》，又召集北方铁路工会代表到北京开会及召开记者招待会，以扩大宣传和揭穿直系军阀控制下的北洋政府提出的"保护劳工"口号是旨在欺骗国人的伎俩。劳动立法运动推动了工人运动的继续高涨。随着全国的罢工高潮迭起，劳动组合书记部的威信也"越发增高起来，有不少的地方罢工胜利后，由工人群众提议捐助书记部的经费"。

在领导劳动立法的同时，邓中夏还与李大钊等发动废除治安警察条例的斗争。该条例是1914年由袁世凯操纵下的北洋政府颁布的，根据条例规定，工人根本没有罢工、要求增加工资等自由，而且警察当局可以将工人的一切不满言论视作"扰乱安宁秩序"等加以禁止或镇压。1922年8月，北京民权运动大同盟成立，执行委员会由张竞生（任主席）、李大钊、李石曾、邓中夏等15人组成。民权运动大同盟成立后，邓中夏将废除《治安警察法》作为斗争的重点，以配合中国劳动组合书记部正在开展的劳动立法运动，先后发起取消《治安警察法》运动和裁兵运动以及声援工人罢工、支持学生运动等。同年10月10日，他署名"邓仲澥"在《民权》周刊发表了《我的一个提议——要求废除〈治安警察法〉》一文，指出"《治安警察法》是北洋老军阀洪宪皇帝制造的。名义上是说'维持安宁秩序，保障自由幸福'，实际是维持军阀贵族的安宁秩序，保障军阀贵族的自由幸福。此种'安宁秩序''自由幸福'，完全是建筑在我们最大多数的平民的牺牲之上"，呼吁"用全国全体人民的力量，要求政府明令撤废《治安警察法》"。接着，邓中夏等又以民权运动大同盟成员的身份，参加了蔡元培领导的首都各界人民裁兵促进会，并以北京72个人民团体的名义，联名向总统府和国务院递交请愿书，要求废除《治安警察法》。虽然向政府请愿裁兵和废除《治安警察法》未果，但是为人民的集会结社言论自由争取了一些法律保障，中国工人阶级的政治和经济地位在一定程度上得到了某些改善。

邓中夏在主持劳动组合书记部总部工作期间，还派员到各地帮助工人组织当地工会。1922年下半年至1923年初，中共劳动组合书记部主要抓住武汉、湖南两大地方总工会和煤矿、铁路两大产业总工会的建立工作。当时的武汉是中国第二大工业城市，工人集中。中国劳动组合书记部武汉分部党组织在其领导的汉阳钢铁厂大罢工中实行"罢工援助"等，为党在武汉创立地方性总工会的工作提供了有利的条件。1922年7月23日，武汉工团联合会率先宣告成立。它包括有汉阳钢铁厂工会、汉冶萍轮驳工会、大冶钢铁厂工人俱乐部、下陆铁矿工人俱乐部、花厂工会、人力车夫工会、香烟厂工会、扬子机器厂工会、武汉缝纫业工会、武汉轮驳工会、江岸铁路分工会、徐家棚铁路分工会、武昌机器工会、机器缝纫工会、蛋厂工会、西式皮鞋工会、武汉电话工会、洗衣工会、武汉调剂工会、建筑工会等20个工会，会员3万余人。武汉工团联合会成立后，迅速发展为湖北全省工团联合会，成为当时全国规模最大的地方总工会。

接着，由中国劳动组合书记部湖南分部领导建立的湖南工团联合会于1922年11月1日在长沙新河宣告成立，它包括有粤汉铁路岳州分会、粤汉铁路长沙分会、造币厂职工俱乐部、铅印活版工会、黑铅炼厂工人俱乐部、人力车夫工会、土木工会、理发工会、缝纫工会、笔业工会、安源矿工俱乐部、水口山铅矿工人俱乐部等14个工会，会员达3万余人。毛泽东、郭亮分别当选为正副总干事。该会为全国最早的省级地方总工会，领导湖南全省工人与帝国主义和军阀赵恒惕以及资本家进行了多次斗争。同年12月10日，党领导的全国最大的产业工会——汉冶萍总工会成立，刘少奇为委员长。该工会包括汉冶萍总公司整个企业属下的汉阳钢铁厂工会、汉冶萍轮驳工会、大冶钢铁厂工会、大冶铁矿工人俱乐部、安源路矿工人俱乐部等5个工会，会员3万余人。

与此同时，劳动组合书记部总部还派员指导筹备成立全国铁路总工会。但由于"二七"惨案的发生，全国铁路总工会的成立受挫。"二七"大罢工失败后，邓中夏进行了深刻反思，意识到"当时工会中的党的组织普遍是没有"建立，"是一个严重的问题"。因此，在随后的斗争中，他开始注意在工人中发展中共党员，建立党组织，使共产党员成为各级工会的中坚力量，党组织成为坚强的领导核心。

安源路矿工人俱乐部大厦旧址

三、领导各地罢工斗争

邓中夏就任中国劳动组合书记部总部主任后，全国工人运动继续高涨，罢工浪潮一浪高于一浪。仅从1922年9月至12月的4个月中，全国发生罢工共计141次。罢工以中国劳动组合书记部总部和各地分部所在地为中心，形成几次重要的罢工潮，计有海员罢工潮、铁路罢工潮、矿山罢工潮、武汉罢工潮、湖南罢工潮、上海罢工潮、广东罢工潮等。这些罢工潮，构成了全国工人运动发展的总态势。

早在1922年1月的香港海员大罢工，成为中国工人运动第一个高潮的起点。中共广东支部在香港海员罢工爆发后不久就发出《敬告罢工海员》的传单，表示全力支持。在邓中夏的引导下，长辛店工人俱乐部率先发起成立北方香港海员罢工后援会，发表《援助香港海员罢工宣言》，声援香港海员的罢工斗争。同年8月，邓中夏亲自发动和领导了京汉铁路长辛店工人八月罢工。这是北方铁路罢工潮的起点。

中国劳动组合书记部总部迁往北京后，北方区的工人运动，特别是铁路工人的罢工斗争发展很快。由于第一次直奉战争爆发后，物价飞涨，铁路车务工人半年没领到工资，生活陷入困境。邓中夏因势利导，首先在工会基础好、工人觉悟高、党的力量较强的长辛店发动大罢工。为了筹划部署这次大罢工，他数次到长辛店召集史文彬等人开会，研究制定

长辛店火车房工友合影

職工會列之立友鈞鑒：

我們罷工風潮，已于二十六日
照常工作了。我們這次罷工，經過的日子云
久，——二十四和二十五兩天——可是經過的困
苦卻不少了！如狠似虎的軍閥，竟以為
我們是暴徒！但是早在我們預料中，所以
我們萬死不辭，雖肝胆塗地而勿惜！可笑
我們只整持兩天的時日，那班軍閥和京漢

富局就屈服于群眾勢力之下，把我們所
要求的條件備首應允了！我們知道你們報
墨念著，所以特地將這個喜信報告于你們
二方面還勞特地感謝你們！你們這種互助
精神，我們真是銘感肺腑呵！此後，還望
做此努力，同奏凱旋之歌！

敬祝芳働著勝利！順祝

工友們康健！

敬放啟者

长辛店工人俱乐部向各工会报告胜利消息的信件

罢工方案、罢工条件、斗争策略，并亲自起草了《京汉铁路长辛店工人俱乐部罢工宣言》。经过充分的发动和准备，8月24日，长辛店工人俱乐部一声号令下，3000多名铁路工人全部罢工，南北交通立即瘫痪。长辛店工人俱乐部代表工人向铁路局提出要求开除总管、工头，承认俱乐部有人事推荐权和增加工资等8项复工条件。

京汉铁路这条南北交通的大动脉被截断后，北洋军阀曹锟非常恼怒，立即调来大批军队进行镇压，企图强迫工人复工。但工人毫不退让，表示不接受条件决不复工。经过两天两夜的激烈斗争，铁路局被迫与工人代表谈判，答应了除工人参与铁路局人事权以外的全部条件。而且，尽管京汉铁路"中段与南段的工人并未参加罢工，然而罢工胜利的条件，连带使中段南段的工人亦得增加工资"。26日，工人正式复工。复工次日（即27日），3000多名长辛店罢工工人齐集娘娘宫举行庆祝大会，邓中夏到场讲话并参加了庆祝罢工胜利的示威游行。为了扩大影响，工人们还在开往汉口的火车头上，挂了一面写着"庆祝长辛店罢工胜利"的大红旗，长辛店工人俱乐部还印了大批传单在铁路沿线散发。长辛店铁路工人罢工为中国工人运动树立了互相帮助、互相支持的榜样。《工人周刊》出特刊报道了这次罢工。

长辛店铁路工人罢工的胜利打响了北方铁路工人斗争的第一枪，各路纷纷起来罢工。9月上旬，京奉铁路山海关机器厂工人"要求斥革工头，改良生活"和京汉铁路武长段抗议监工虐待工人的罢工斗争均取得胜利。京绥铁路是当时全国五大铁路干线之一。邓中夏主持中国劳动组合书记部工作后，曾亲自到张家口指导铁路工人运动，并派何孟雄到京绥铁路指导工人运动。长辛店铁路工人罢工胜利后，何孟雄根据邓中夏的指示，于10月27日以京绥铁路全路"车务工人同人会"名义，发动60多个车站的1500名铁路车务工人举行全线罢工。经过两天两夜的斗争，终于迫使"吴佩孚御用内阁交通总长高恩洪和铁路当局"屈服，他们全部答应了工人罢工时提出的补发欠薪、增加工资、改善生活待遇等要求。1922年底至1923年初，先后发生了京奉路唐山制造厂2000多名工人罢工，正太路石家庄机器厂1000多名工人罢工，津浦路浦镇机器厂工人联合浦口码头工人2000多人举行罢工，粤汉路徐家棚、京汉路刘家庙车站等也举行了罢工，均取得了不同程度的胜利。这一时期，"北方及中部各铁路，只沪宁、沪杭、胶济、南浔未发生罢工，京汉路和粤汉路武长段均全路加入。京奉路只山海关、唐山两处罢工，甚至并未停车"。铁路工人罢工斗争的胜利，进一步促进了北方工人运动的开展。正如邓中夏所忆述的："铁路罢工潮激动了每个工人的心胸，数千年麻痹自卑的劳动者，到此时的确逐渐觉悟起来了，也就因此迅速的从改良生活的经济斗争，一跃而到反对军阀争取自由的政治斗争。"

在中国劳动组合书记部总部及各分部的领导下，南方的工人运动也如火如荼。1922年下半年，湖南罢工高潮迭起，其中刘少奇、李立三等领导的安源路矿工人大罢工的影响最大。9月14日，17000多名安源路矿工人为要求当局承认俱乐部有工人代表的权利和增加工资举行罢工，迫使路矿当局承认工人提出的大部分条件。安源路矿罢工的胜利，显示了中国工人阶级的力量。在湖北，先后爆发了汉阳钢铁厂工人罢工、汉阳兵工厂工人罢工、汉口扬子机器厂工人罢工、英美烟厂工人罢工、汉口花厂工人的罢工等。"两湖"的这些罢工斗争打击了反动统治，壮大了工人的声势。

但是，帝国主义和封建军阀对全国工人运动的迅猛发展极为仇视，伺机进行反扑。1922年10月下旬，开滦五矿工人举行了要求改善工人待遇的大罢工，遭到英帝国主义和封建军阀的联合镇压。开滦煤矿由唐山、赵各庄、林西、马家沟、唐家庄五矿组成，有矿工5万人。10月16日，开滦五矿俱乐部向矿务局提出增加工资、改善待遇等六条要求，遭到矿务局拒绝并扣压工人代表。10月23日，矿工在劳动组合书记部的领导下举行罢工。参加这次大罢工的工人达3万多人。罢工爆发后，邓中夏立即派2名劳动组合书记部特派员前往指导。同时迅速发动各地工人团体以发表通电、捐款捐物等形式，对开滦五矿的工人罢工斗争予以支持。在中共北京地委的指导下，北京大学马克思学说研究会成立北京开滦矿工罢工经济后援会，同时发表宣言，举行示威游行，组织人员上街募捐等。对于这次罢工，矿务局与军阀政府却相互勾

1922年10月，中共唐山地方执行委员会委员长兼唐山制造厂支部书记邓培（站立前排左四）与京奉铁路局签订复工协议后返回唐山时，与机务处同仁联合会代表合影。

结，急调军警3000多人到唐山实行武力镇压，英帝国主义也派出兵舰调集印度兵到唐山参与镇压。10月26日，军警向工人开枪，打死工人6人，伤57人。军警随即解散工人纠察队，查封开滦五矿工人俱乐部和启新洋灰公司工会，逮捕和杀害罢工工人领袖。开滦五矿罢工虽然没有达到预期的目的，但再次显示了工人阶级的力量。这次大罢工是继香港海员罢工之后，又一次规模很大的直接反对帝国主义的工人斗争，在国内外产生了重大影响。

1923年春，震撼全国的京汉铁路工人"二七"大罢工爆发。"二七"大罢工是中国共产党领导的第一次工人运动高潮的顶点。它进一步显示了中国工人阶级的组织力量，扩大了党在民众中的影响。

而早前在1922年4月9日，为实现京汉铁路全路工会组织的联合，邓中夏指导长辛店工人俱乐部发起召开京汉铁路第一次全路工人代表大会。参加这次大会的有长辛店工人俱乐部1500多人以及京汉铁路、郑州铁路、陇海铁路、京绥铁路、京本路及北京、汉口、信阳等地的工人代表。邓中夏在会上发表了演说，鼓励大家："俱乐部成立之后，必须和衷共济，以图发展，使全国一致。"会后还进行游行庆贺。当晚，邓中夏在长辛店二仙洞主持召开了京汉铁路总工会第一次筹备会议，会议决定先"整饬和划一全路的组织"。同年8月10日，在劳动组合书记部的指导下，长辛店工人俱乐部发起成立了京汉铁路总工会筹备委员会。到1922年底，全路有长辛店、琉璃河、高碑店、保定、正定、顺德、彰德、新乡、黄河、郑州、许州、郾城、驻马店、信阳、广水、江岸等16个单位成立了工会组织，百人以上的车站均设立分会。至此，成立铁路总工会的时机已臻成熟，遂决定于1923年2月1日在郑州正式举行成立大会。

因京汉铁路的营运收入是军阀吴佩孚军饷的主要来源，吴佩孚得悉后，即撕下"保护劳工"的假面具，下令禁止成立铁路总工会。2月1日，京汉铁路各站工会代表在郑州普乐剧院召开总工会成立大会时，吴佩孚即派出大批军警用武力加以阻挠和破坏，并封闭总工会会所。京汉铁路总工会遂决定用罢工来回答敌人的迫害。2月4日，京汉铁路全线举行总同盟罢工，全线所有客货车一律停开，1200余公里的京汉线立即陷于瘫痪。

中国劳动组合书记部总部全力支持这次罢工，于罢工爆发的当天即发出《中国劳动组合书记部通电》，呼吁全国各工会"切实援助"。京汉铁路工人大罢工的爆发引起帝国主义列强的恐慌，竟公开干涉中国的工人运动，要求军阀政府用武力镇压罢工。2月7日，军阀吴佩孚在帝国主义的支持下，调集2万多军警分别在长辛店、郑州和武汉江岸等处进行血腥镇压，工人被杀40多人，伤200多人，被捕40多人，遭开除1000多人。罢工领导人林祥谦、施洋均被逮捕。林祥谦被捕后，拒绝下令复工，慷慨就义。施洋也在武昌被杀害。这就是历史上著名的"二七"惨案。

1923年京汉铁路总工会成立大会代表合影

《晨报》关于"二七"惨案的报道

　　"二七"惨案发生当日，中国劳动组合书记部总部即发表《中国劳动组合书记部为"二七"惨案告全国工人书》。邓中夏主持召开了紧急会议，决定以北京各团体的名义，成立"铁路工人罢工后援会"，并以中国劳动组合书记部的名义，向全国各工会各报馆发出《为京汉铁路局长赵继贤惨杀长辛店工人事通电》。2月9日，又与全国铁路总工会筹备委员会联合发出《吁请全国各报馆各工团支援"二七"罢工斗争的通电》，控诉军阀残害工人的罪行，号召工人阶级联合起来，打倒军阀，为自由而战。邓中夏等还发动民权运动大同盟等团体声援京汉铁路工人的罢工斗争。

　　北洋军阀政府随之下令查封了驻京的中国劳动组合书记部总部并通缉邓中夏等。邓中夏在北大读书时的同班同学许宝驹闻讯，即通知邓中夏从北大转移到礼士胡同（许的亲戚家）。邓中夏虽身陷险境，但他"每天仍是冒险出门"，一面通过民权运动大同盟等团体，发出通电抗议和声讨军阀屠杀工人的罪行，发动北京各界人士5000多人参加死难工人追悼大会；一面推动北京各团体建立"京汉铁路罢工后援会"，筹款援助罢工工人，抚恤受难工人家属。直至2月底，安排好各项善后工作后，他才遵照党的指示转移到上海。中国劳动组合书记部机关亦随之迁往上海。

　　邓中夏到达上海后，经李大钊介绍，到上海大学教书，任总务长。此后两年间，他把上海大学作为党的培训基地，为党、团、工会组织培养了千余名骨干分子。同时，他潜心

上海大学旧址

研究理论，撰写了不少文章，对工人运动、青年运动、农民运动和士兵运动等方面的重要问题提出了不少远见卓识。他一直怀念着参加"二七"大罢工的工人和战友，在其后撰写的《中国职工运动简史》中，将《京汉路大罢工——二七惨杀》专列一章，详细记载了这次斗争的全过程，总结了斗争的经验和教训，高度评价这次斗争"为中国职工运动开了一个新的阶段——从改良生活的经济斗争转变到争取自由的政治斗争的阶段"。

"二七"大罢工惨遭吴佩孚镇压的沉痛教训，使邓中夏等共产党人逐渐认识到中国革命仅仅依靠工人阶级的力量是不够的，应该建立工人阶级和民主力量的联合战线，只有各革命阶级结成联盟，才有可能推翻帝国主义和封建军阀在中国的统治。1923年，南方革命形势发展很快，孙中山在广州建立大元帅大本营后，控制了珠三角和粤中地区。广东革命根据地建立后成为国民革命运动发展的重要阵地。

1923年6月12日至20日，中国共产党第三次全国代表大会在广州东山恤孤院路后街31号（今恤孤院路3号）召开，陈独秀、李大钊、张太雷、蔡和森、瞿秋白、毛泽东、张国焘、项英、何孟雄、陈潭秋等来自全国各地及莫斯科的代表近40人，代表了全国420名党员出席大会。共产国际代表马林参加了会议。会议的中心议题是讨论与国民党合作、建立革命统一战线的问题。经过讨论，大会接受了共产国际关于中国共产党同中国国民党进行合作的指示，通过了《关于国民运动及国民党问题的议决案》《中国共产党第三次全国代表大会宣言》等文件。这些文件的中心思想是：党在现阶段"应该以国民革命运动为中心工作"，共产党员以个人身份加入国民党，采取党内合作的形式，同国民党建立联合战线，以完成反帝反封建的国民革命的重要任务。文件还规定了要保持中国共产党在政治上的独立性的一些原则。邓中夏是党的三大代表，他出席了大会并在会上积极发言。他审视了国民党发展的历史，赞成以"党内合作"的形式实行国共合作。这次大会，邓中夏被选为中国共产党第三届中央执行委员会候补委员。

1925年1月，中国共产党第四次全国代表大会在上海召开，邓中夏出席了大会。大会为加强党对全国职工运动的领导，决定成立中央职工运动委员会，邓中夏被任命为该委员会的秘书长。同年4月，邓中夏奉命离开上海，前往广州，负责筹备即将在广州召开的第二次全国劳动大会。

春园，位于广州市新河浦路22—26号。1923年6月中共三大召开期间，与会代表居住的地方。

中共四大旧址

第三章

参与领导省港大罢工

参与领导省港大罢工

一、筹备全国二次"劳大"

1923年6月在广州召开的中国共产党第三次全国代表大会确定了革命统一战线的方针，决定采取共产党员以个人身份加入国民党的方式来实现国共合作。1924年1月在广州召开的中国国民党第一次全国代表大会，标志着全国革命高潮即将到来。在中国共产党的帮助下，孙中山领导的中国国民党通过改组也获得了新生。在国共合作的推动下，新民主主义革命以国民革命的形式在广东蓬勃发展，广州成为革命中心，形成了反帝反封建军阀的革命新局面。全国铁路总工会在北方恢复了活动。1925年2月，邓中夏等领导的上海日本纱厂4万多名工人大罢工的胜利，更预示着全国第二次工人运动正在进入高潮。为加强对日益高涨的革命运动的领导，迎接工人运动高潮的到来，中共中央决定于1925年5月1日在广州召开第二次全国劳动大会，成立中华全国总工会，以扩大工人阶级的联合，动员全国工人阶级参加国民革命。因"二七"大罢工后已很少公开用劳动组合书记部的名义进行活动，中共中央决定第二次全国劳动大会以全国铁路总工

广州第六届农民运动讲习所旧址

会、中华海员工业联合总会、汉冶萍总工会和广州工人代表会的名义发起召开，由中共中央职工运动委员会和广州工人代表会、香港海员工会负责筹备工作。邓中夏时任中央职工运动委员会秘书长和中国劳动组合书记部总部主任，负责主持这次大会筹备工作。

邓中夏于4月离沪赴穗，暂住在广州农民运动讲习所（广州东皋大道1号，今为东皋大道礼兴街6号）内的第二次全国劳动大会筹备处，着手进行各项筹备工作。他亲自为会议起草各种文件，审阅会议日程和各工会推派代表的情况，还协商解决会场和会议代表的吃住等问题，找各地的与会代表交谈，了解各地工人运动情况等。据当时由组织委派协助邓中夏工作的饶卫华回忆：邓中夏生活简朴，平易近人，"跟谁都谈得来，一点也没有架子"。"他的工作很忙，整天和人接谈，写文章，开会，没有见他停止过工作。他的精力是那样的充沛，为了革命事业，忘记了疲劳。他的膳食，比起我们学生的伙食也相差不远。这就是闻名的上海大学教务长啊！"

为开好这次会议，使与会代表对这次大会的主要议题有共同的认识，会前，邓中夏撰写了《劳动运动复兴期中的几个重要问题——贡献于第二次全国劳动大会之前》一文，对大会要着重讨论和解决的关于组织问题、经济斗争、争自由运动、参加国民革命、工农联合、国际联合6个问题阐明了自己的见解。文中提出的主张代表了中国工人阶级的利益，引起了与会代表们的极大关注。在大会开幕前，邓中夏还召集与会代表中的共产党员举行预备会议，详细介绍了与会人员的基本情况，要求全体党员与各方面代表搞好团结，争取一切可能争取的人物，以保证会议圆满成功。他对情况了如指掌，分析透彻，令大家十分钦佩。

1925年5月1日至7日，第二次全国劳动大会在广州正式召开。出席大会的代表共281人，分别来自上海、北京、天津、武汉、长沙、广州、香港、青岛、济南、郑州、太原、大连等城市，代表了包括铁路、海运、矿山、机械、纺织等重要产业部门的156个工会和54万名工会会员。这些工会有部分是以中国共产党领导为主，也有部分是与国民党有关系的工会或无党派的工会。大会开幕后，邓中夏被推选为主席团成员和大会秘书长。第二次全国劳动大会召开时，适逢广东省第一次农民代表大会也同时在广州举行，故这两个大会前两天是一起举行的，共同讨论了有关工农运动的问题，至5月3日两个大会才各自进行。5月1日上午，出席两个大会的与会代表500余人与广州市的工人、郊区农民、青年革命军齐集广东大学操场，举行纪念"五一"国际劳动节大会。会场庄严热烈，由鲜花砌成的红底白字大横额"农工大联合"高悬在入口的牌楼上，四周插满旗帜，上面写着"要求集会、结社、言论、出版、罢工自由权"，"要求八小时工作最低限度工资"等标语。赤色职工国际代表奥斯特洛夫斯基专程从莫斯科赶来参加大会并发表了演说。全国劳动大会的代表张特立、林伟民、邓中夏与广东省农民协会代表黄学增、青年军人代表王一飞等也在会上发表演说，会后举行了10多万人的游行示威。这是"中国有史以来"第一次工农兵大联合。

5月2日，两个代表大会在广东大学（今广州市文明路215号）大礼堂联合举行开幕典礼。参加大会者有两会代表和赤色职工国际、中共中央、国民党中央、青年军人联合会、学生团体等代表及各界来宾共1000余人。会上，邓中夏作了题为《中国劳动运动状况》的报告，广东农代会代表作了《广东省农民运动状况》的报告，赤色职工国际、中共中央、国民党中央、青年军人联合会和学生团体代表均发表了演说。

大会通过了中国共产党提出的"打倒帝国主义""打倒军阀"的口号，审查并通过了《中华全国总工会章程》《第二次全国劳动大会宣言》（两份文件均由邓中夏起草）以及工人阶级与政治斗争、经济斗争、组织问题、工农联合、工人教育、铲除工贼等30多个决议案（决议案几乎都是由邓中夏和刘少奇起草）。大会还就香港和广东的工会统一运动问题，分别通过了决议案，使参加这次大会的香港和广东代表进一步认识到，工人阶级在反对帝国主义和封建军阀的斗争中必须加强团结、统一步骤，因而对广东地区乃至全国的工人运动的进一步发展产生深远的影响。大会还一致同意加入赤色职工国际。大会的最后一项重要议程，是按照《中华全

第二次全国劳动大会开幕现场

国总工会章程》成立全国统一的工会组织——中华全国总工会，林伟民当选为执行委员会委员长兼总干事，刘少奇、邓培为副委员长，邓中夏为秘书长兼宣传部部长，李森（李启汉）为组织部部长，苏兆征、李立三、刘华、项英、刘尔崧、何耀全、郭亮等25人为执行委员。同时，邓中夏被中共中央任命为中华全国总工会党团书记，参与主持全面工作。会议宣布取消中国劳动组合书记部，由中华全国总工会统一领导全国的工会工作。至此，中国劳动组合书记部完成其历史使命。

第二次全国劳动大会是中国工人运动史上一次重要的会议。这次大会贯彻了中国共产党第四次代表大会的精神，对工人阶级在民主革命中的领导权、在民族革命中的地位以及工会组织的发展和巩固等方面，都有了进一步的认识。大会决议案对中国革命的一些基本问题和当前工人运动的方针进行了系统而明确的论述，包括：阐明了工人阶级在民族革命运动中的地位和作用，工人阶级必须作政治斗争，要树立无产阶级的阶级斗争观，工人阶级当前最迫切的工作是经济斗争和自由运动；提出了工会组织的发展规划、开展工会统一运动、实现工会的大联合以及农民是无产阶级最可靠的同盟军等重大问题。大会取得了实现工农大联合、加入赤色职工国际、严厉铲除工贼、成立全国工人运动的总机关——中华全国总工会等重大成果。为扩大宣传效果，邓中夏于5月中下旬连续发表了《第二次全国劳动大会与海员的责任》和

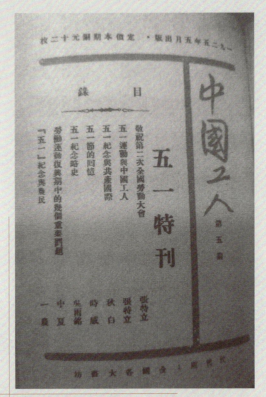

邓中夏在《中国工人》第五期上发表了
《劳动运动复兴期中的几个重要问题》

中华全国总工会旧址——惠州会馆

《中国劳动运动的新生命》两篇重要文章，进一步阐明工人阶级的历史地位和伟大使命。

成立后的中华全国总工会决定把机关设在广州，直接加强对广东工人运动的领导。邓中夏因此留在广州工作。中华全国总工会在随即爆发的五卅反帝爱国运动和省港大罢工中发挥了重大的作用。

二、赴港策划罢工

中华全国总工会成立不久，掀起了一场席卷全国的声势浩大的反帝风暴——五卅运动，标志着中国大革命高潮的到来。邓中夏坚决执行中共中央的指令，勇立潮头，深入基层，带领广大工人群众投入反帝斗争中。

1925年1月，中共四大在党的历史上第一次明确提出无产阶级在民主革命中的领导权和工农联盟问题，这对全国工农运动的发展，尤其对上海工人运动的新高潮起到了直接推动作用。中共四大闭幕不久，上海就爆发了内外棉纱厂工人大罢工。邓中夏是这次大罢工的领导人之一。2月1日，日本资本家在上海开设的内外棉第八厂，因厂方无理解雇大批工人，全厂罢工。至中旬，上海全市有22家日本纱厂罢工，参加罢工行列的工人达4万多人。罢工爆发后，中共中央即成立了专门指挥这次罢工的委员会，指定邓中夏、李立三为委员会总负责人，并命令上海的100多名共产党员投入这场

1925年5月24日，上海纱厂工会在上海沪西谭子湾举行的悼念顾正红烈士大会

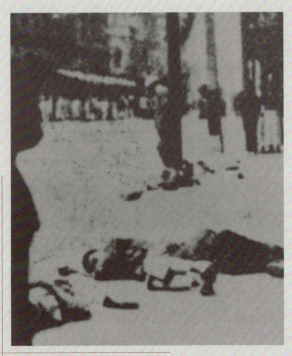

五卅惨案中被杀害的上海市民

罢工斗争。这次大罢工坚持38天，斗争终于取得胜利。上海的二月大罢工是五卅运动的序幕。

同年5月30日，上海工人、学生为反对上海日资纱厂的日本资本家镇压工人罢工，开枪打死工人顾正红（中共党员）及打伤10余名工人的暴行，举行抗议示威游行。游行时，英国巡捕突然对游行队伍开枪，打死13人，伤数十人，顿时血染南京路。这就是震惊中外的五卅惨案！

五卅惨案消息迅速传遍全国，各大中城市纷纷罢工罢课，声援上海人民的反帝斗争。由于当时广东已有了革命政府，是比较巩固的革命根据地，在广州和香港爆发的省港大罢工比其他地区声势更大，坚持时间更长，是大革命高潮的风口浪尖所在。6月1日，中共广东区委接到中央电令"举行大示威"，鉴于时值发生滇军杨希闵、桂军刘震寰叛乱，广州形势告急，乃决定：次日由中华全国总工会召集一次广州工人群众示威大会，待平息暴乱后，再组织广州、香港两市工人举行罢工声援上海反帝爱国运动。6月2日，广州各界群众反对帝国主义制造五卅惨案、声援上海人民反帝斗争的示威大会如期举行。大会由中华全国总工会等六团体代表组成主席团，中国共产党代表罗觉、国民党代表谭平山和中华全国总工会代表邓中夏等分别在会上发表演讲。大会结束后还举行了声势浩大的示威游行。

经过对当前局势的认真研究和慎重考虑，邓中夏于6月上旬"在中共广东区委会议上正式提出了发动省港罢工问题"，并深入分析了发动罢工的意义与可能性等问题，认为"由于港

20世纪初的香港

省港大罢工时期的邓中夏

九各工会领袖受了全国二次劳大的影响，与全总发生了联系，这个组织罢工的条件是具备的"，广东区委遂决定派邓中夏、孙云鹏、杨殷和杨匏安等人前往香港，与已在香港的共产党员黄平、苏兆征等人汇合，与各工会联络，商讨罢工事宜，并成立了全港工团委员会，苏兆征任干事局长，邓中夏为总参谋。6月上旬，中共中央广东临时委员会、中共广东区委和中华全国总工会决定在香港举行罢工，并指定邓中夏、杨殷、黄平、苏兆征、杨匏安5人组成党团，作为罢工的指挥机关。

邓中夏到达香港后，住在戴卓民（香港海员，中共党员，时任中华全国总工会执行委员）家，即着手进行各项准备工作。他与杨殷、苏兆征等认真研究分析了香港的局势、各方面力量的对比、香港各工会的情况，以及发动罢工的主客观条件等问题。当时香港的中共组织和共青团组织的力量薄弱，中共香港支部只有10名党员，与团员加在一起不过二三十人。而香港地区的工会也没有一个统一的组织领导。140多个工会团体分属于香港工团总会派、华工总会派和无所属派等三个大系统。除少数是产业工会或职业工会外，其余大部分都是行业工会或手工业工会。其中不少工会是操纵在资本家、封建把头或黄色工会头目手中，这些工会头目都不是真心实意地为工人们谋福利的，但这些工会团体都不同程度地受到英国殖民主义者的歧视压迫，与港英当局处于对立状态。而且有一部分工会不久前曾经出席了第二次全国劳动大会，对会议留下了良好的印象，对中华全国总工会的代表颇为尊敬。

因此，邓中夏以中华全国总工会宣传部部长的名义，奔走于报馆、学校和团体间宣传演说，号召香港各阶层人士投入反帝爱国运动，支援工人罢工。经过一番发动，香港不少的报刊纷纷报道全国各地抗议五卅惨案的消息，进行反帝爱国的宣传鼓动。不少学校的爱国师生也迅速行动起来，建立团体，发动罢课游行、张贴标语、散发传单等，表示支持工人罢工。

为能最大限度地发动工人罢工，邓中夏、杨殷、苏兆征、杨匏安等亲自做上层工团的工作，向各工会领袖开展宣传教育，激发他们的爱国热情，发动他们带头罢工。经过宣传发动，香港不少工会表示愿意罢工。于是，邓中夏委派黄平返回广州向中共广东区委汇报，并通过区委向中共中央广东临时委员会（以下简称"中央广东临委"）请示下一步的行动方针。中央广东临委与广东区委"决定必罢"，"并指定黄平、邓中夏、杨殷、苏兆征、杨匏安五人组成党团，为指挥机关"。

根据中央广东临委和广东区委的指示，邓中夏、杨殷、苏兆征等即以中华全国总工会名义，先后在香港西环工团总会、车衣工会、山顶酒店、杏花楼等处，召集全港各工会领袖举行秘密会议讨论大罢工问题。发动罢工的第一次会议在香港西环加仑台杏花楼以祝寿名义召开。会上，邓中夏向大家通报了五卅惨案经过，阐明开展反帝斗争的理由，接着由苏兆征提议在香港举行一次总罢工。当时有些黄色工会头目犹豫不决，后经邓中夏等解释并晓以大义，与会者讨论并通过了罢工宣言及对港英当局提出的条件，并将这些条件由

从香港返回广州的罢工工人在东较场集会

"各工会联名送给香港政府"。在中环车衣工会召开的各工会头目联席会议讨论通过了由海员、洋务、电车等工会的提议，组织全港罢工总指挥机关，定名为"全港工团联合会"，推举苏兆征为干事局局长，黄平为外交委员，邓中夏为总参谋，并以"香港工团联合会"的名义发表罢工宣言。

经过几天的紧张发动，罢工时机已趋成熟。广大工人情绪高涨，摩拳擦掌要求早日行动。但一些黄色工会头目仍顾虑重重，迟疑不决。当邓中夏、苏兆征和杨殷等再次召集各工会头目商量关于确定罢工时间，以及举行罢工后如何撤离香港返到广州坚持斗争等问题时，一些工会头目提出了诸如怕帝国主义封锁出口，罢工后工人将不能离开香港，又可能被捕坐牢；罢工回到广州后的食宿问题、交通如何解决、罢工程序等一系列问题。邓中夏等一一耐心说服、教育、解释，终于使黄色工会头目也拥护罢工了。在如何顺利实现罢工问题上，苏兆征与邓中夏、杨殷等又一再进行研究。考虑到香港海员工会经受过1922年大罢工的锻炼，又是香港工团总会的骨干，于是决定先由海员工会和受党影响的进步工会如电车、洋务、排字等工会带头发起，带动其他行业的工会一齐罢工。6月中旬，中共广东区委派李森、陈延年、林伟民、刘尔崧、冯菊坡、施卜组成"党团"，发动广州沙面洋务工人起来罢工，与香港工人的罢工相呼应。中共广东区委还决定以广州为阵地，让香港工人罢工后及时撤回广州，在广州成立领导罢工的机构，带领工人坚持反对帝国主义的斗争。

三、省港罢工爆发

1925年6月19日，在中共中央广东临委、中共广东区委和全国总工会的指挥下，反对帝国主义的大罢工在香港爆发了。香港的海员、电车、洋务、印务工会首先罢工，随之罢工的有同德、集贤、卸货、海陆理货、码头、邮差、清洁、清粪、木匠、打石、猪肉、牛羊业、鲜鱼、果菜、汽车、煤气、旅业、牛奶、皮革、洋服、搭棚、油漆、电器、饼干、戏院、小贩等几十个工会以及各行业的工人，至7月2日，香港工人全部罢工。仅十多天内，先后参加罢工人数达25万人。只留省港轮船、火车、回乡轮渡不参加罢工，以便运送参加罢工工人撤离香港。在共青团员们的活动下，香港华仁书院、皇仁书院等学校亦进行了罢课、罢教。香港工人举行罢工后，在各工会的组织和带领下，10多万名罢工工人相继离开香港，撤往广州。邓中夏等亦离港返穗，领导罢工运动。

香港工人罢工爆发后，6月21日沙面洋务工人亦开始罢工。广州市区内的外国人仓库、洋行以及外国人住宅所雇用的工人也纷纷参加了罢工。

6月23日，广东各界在东较场举行声讨帝国主义在上海制造五卅惨案大会。会后，省港罢工工人与广州各阶层群众共5万多人参加了游行示威。中共广东区委主要领导人陈延年、周恩来均参加了游行。下午2时15分，游行队伍行至

1925年6月23日，广东各界在东较场举行声讨帝国主义在上海制造五卅惨案大会，会后举行示威游行。图为游行队伍途经长堤。

沙基惨案中被英法军队枪杀的广州市民

西堤沙基西桥时，竟遭英法等国的军队开枪射击，当场被打死50余人，被打伤100余人。制造了比五卅更残酷、更骇人听闻的沙基惨案。

惨案发生后，广东各界以各种方式揭露帝国主义的罪行。广东革命政府两次照会英法政府，提出惩凶、谢罪、收回沙面租界等要求。但驻粤英、法领事蛮横加以拒绝。于是，由中共广东区委和中华全国总工会领导的广东对外协会发出通电，向全世界控诉帝国主义的罪行。沙基惨案更激起中国民众反对帝国主义的决心，省港大罢工规模进一步扩大。

为更好地领导罢工斗争，统一反帝斗争的认识和步伐，制定罢工斗争的策略和措施，保证有效地进行反帝罢工斗争，中共中央广东临委、中共广东区委和中华全国总工会发动香港、广州沙面罢工工人选出代表，在广州举行省港罢工工人代表大会。大会选举产生了统一指挥罢工的机构——省港罢工委员会，推选委员13名（中华全国总工会2名：林伟民、李森；香港7名：由海员、同德、电车、洋务、煤炭、平乐、车衣等工会各选一人；沙面4名：曾子严、梁德礼、陈瑞南、黎福畴）。苏兆征为委员长，何耀全和曾子严为副委员长，邓中夏被聘为总顾问。在罢工委员会下设立干事局（李森为局长）和罢工工人纠察队（邓中夏为训育长）。

为加强党对罢工斗争的领导，中共广东区委决定在罢工委员会中成立中国共产党党团（以下简称为"罢工党团"），由邓中夏、李森、苏兆征、黄平、冯菊坡、刘尔崧、施卜、林伟民、

1925年10月3日，国民政府为沙基惨案的死难者举行了国葬，各界群众数万人参加。图为沙基惨案纪念碑。

位于广州市越秀区东园横路3号的省港罢工委员会旧址

陈延年（后增加何耀全、陈权、罗珠、彭松福等）组成，书记邓中夏（后李森）。这是省港大罢工运动的领导核心。

与此同时，由罢工委员会提议建立罢工工人代表大会，作为罢工期间的"最高议事机关"，以团结全体罢工工人，发扬民主，齐心合力地向帝国主义和反动势力作斗争，争取罢工斗争的胜利。罢工工人代表大会应香港参加罢工回到广州的罢工工人和沙面等罢工工人群众中选举产生；选举时以工会人数作比例，每50人选出1名代表，不满50人的工会也可选出1名代表，如超过50人以上的工会则依人数递增加选代表的办法，共选出800多名工人代表，组织了香港、沙面罢工工人代表大会，作为罢工"最高议事机关"。从此，罢工工人便有了一个符合民主集中制原则的严密的组织系统。邓中夏还设计了一个组织机构系统表，以阐明各组织机构之间的相互关系。

7月15日，省港罢工工人第一次代表大会召开时，廖仲恺曾到会祝贺并作政治报告。罢工工人代表大会每隔一天开会一次，总共通过了283项决议。至1926年3月底正好满100期，代表大会举行了庆祝活动。邓中夏在会上发表演讲。他盛赞："这个800余人的代表大会的确起了不可思议的伟大作用。罢工策略经过集体的讨论，因而取得一致的团结。罢工内部许多纠纷，都依靠代表大会的权威予以解决。"省港大罢工期间，苏联工会代表团曾专程前来广州访问，对于省港罢工工人掌握和运用组织建设方面的经验，给予了高度的评价："我们看见了中国工人阶级在组织运动方面具有巨大

省港大罢工工人组织机构系统表

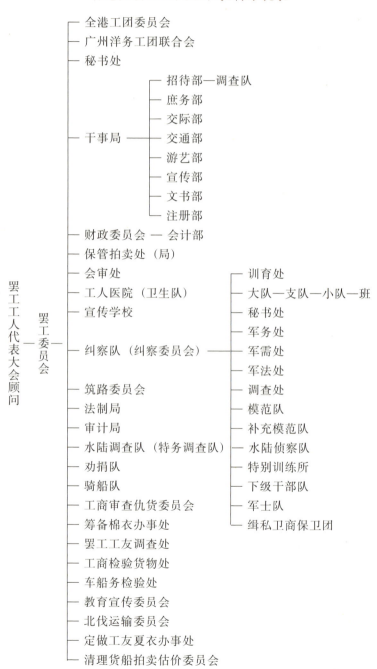

的才能。香港沙面罢工委员会不仅在中国，就是在整个国际工人运动中，也可以认为是一个典范。"省港罢工工人以自身坚强严密的组织领导，以及对斗争策略的正确运用，给香港英帝国主义以沉重的打击。

除建立健全罢工委员会的机构，保证罢工的各项工作能够在罢工委员会的统一领导下有条不紊地进行外，邓中夏等罢工领导人还十分重视工人队伍建设，动员和配备了一批立场坚定、工作积极、忠诚可靠的罢工工人和青年学生到罢工委员会各个部门中当骨干，使工作效率不断提高，战斗力不断加强。

罢工委员会成立后，即想方设法保障罢工工人的生活和福利。如10多万名罢工工人一下子从香港回到广州，吃饭、住宿等生活问题如何解决？邓中夏等依靠广东革命政府和中共广东区委，采取坚决措施，封闭了广州"原来之赌馆烟馆及所有广州市空屋"，腾出了大批房屋安置罢工工人住宿；并建立了工人食堂解决了工人吃饭问题，还设立了工人医院、宣传学校、工人子弟学校等机构。

为了打击帝国主义、封锁香港和维护罢工秩序，邓中夏等及时地组建了一支有2000多人组成的工人纠察队。罢工工人纠察队成立总队部，设总队长、训育长、总教练各1人，下分5个大队，每大队下分3个支队，每支队下分3个小队，每小队下分3个班，每班12人。为了团结大多数工人，纠察队总队长虽由黄色工会的黄金源担任，但中共广东区委和罢工委员会党团经研究，决定委派邓中夏担任纠察总队训育长，徐成章（中共党员、黄埔军校教官）担任总教练。邓中夏着重抓队伍的思想建设，明确规定纠察队的性质是一支在罢工委员会直接领导下并坚决贯彻执行其意志、捍卫广大罢工工人利益、敢于与帝国主义和反动势力作斗争的革命队伍，纠察队按军队的编制建立，派共产党员、共青团员充当各级训育员，对纠察队进行严格的军事训练和政治培养训练。

纠察队经过短期的集中训练后，便陆续被派往广东省内各地，在当地人民群众的支持协助下执行封锁任务。开始时，广东尚未统一，纠察队的封锁线还只限于珠江口一带，东起深圳，西至前山。后来广东革命政府收复了东江和南路，封锁线随之延长，东至汕头，西至北海（当时属广东，今属广西）。广东沿海港口皆有纠察队驻扎，蜿蜒1000多公里，旌旗相望，鼓角相闻。纠察队还有小舰12艘，电船数只，往来巡查。

在领导省港罢工的过程中，邓中夏也十分重视实行工农联合的政策，指示纠察队要支持和配合当地农民运动的开展。工人纠察队全面封锁香港后，香港粮食缺乏，物价飞涨，一些地主、劣绅为谋取暴利，勾结兵匪武装走私粮食到香港出售。对此，邓中夏严格要求工人纠察队对偷运粮食等不法活动严惩不贷。邓中夏指出，要制止和打击武装走私活动，就必须向广大农民群众宣传封锁香港的意义，争取他们支持省港大罢工。从1925年7月起，省港罢工委员会根据邓中夏的提议，在罢工工人中组织了农村宣传队。在广州农民运动讲习所进行短期的学习后，农村宣传队分赴四乡，在驻各海口的

邓中夏（左四）与工人纠察队员合影，左三为黄金源，左五为徐成章。

邓中夏创办的省港罢工委员会机关报《工人之路》

工人纠察队的配合下展开宣传。通过宣传，许多地方的农民群众爱国热情甚高，曾给封锁海口的工人纠察队予以各种帮助。有些县的农民兄弟还发起"一人一毫洋"援助罢工工人的募捐运动，进一步增进工农之间的相互了解和战斗友谊。

邓中夏还十分重视宣传教育工作，经常指导宣传部举办各种训练班和学习班，组织罢工工人及其子弟学习政治文化等。为加强对罢工工人的宣传教育，及时传达罢工委员会的决定，他还倡议创办了小型日报《工人之路》，作为罢工委员会和中华全国总工会的机关报，并亲自担任主编。该报发行量高达1万份以上。此外，还经常印发各种宣言、传单、画页及小册子等宣传品，对宣传罢工意义、动员群众投入革命斗争起到了重要作用。

四、谋划"单独对英"的策略

在领导省港大罢工的过程中，邓中夏、苏兆征等领导人认真总结罢工斗争的经验教训，充分利用机动灵活的斗争策略，不断提高反帝斗争水平，以确保罢工斗争的胜利。

罢工初期，为了孤立和打击港英帝国主义，1925年7月9日，省港罢工委员会发出实行封锁香港通电，宣布"自本月10日起，所有轮船轮渡一律禁止往港及新界，务使绝其粮食，制其死命"，随即对香港实行武装封锁，采取罢工、排货、封锁相结合的措施，禁止所有外国船只进入广东各港口，抵制一切外货外币，"反对一切帝国主义"。与此同时，派罢工工人纠察队执行封锁任务，省内各地与港澳及沙面之间的交通一律断绝。罢工纠察队封锁了各港口、码头，严禁粮食、生猪运往香港。国民政府还派铁甲车队开赴深圳，协助罢工纠察队开展封锁和缉私斗争。

在这样封锁之下，香港的肉食菜蔬奇缺，猪肉涨至1元余1斤，鸡蛋涨至五角多1个，牛肉几乎绝迹，街市形同虚设。香港的街道垃圾粪秽堆积如山。时值炎炎夏日，臭气熏天。故当时群众呼香港为"臭港"。由于大罢工，香港的机器停转，车辆停运，轮船停航，商务停顿，使港英当局在经济上遭到沉重打击。香港每年进出口货物达1.5亿金镑，折合华币25.2亿元，因罢工每月损失2100万元，每天损失700万元。

然而，全面封锁香港也对广东产生一些消极影响。如当时广东的粮食及石油煤炭等一向依赖进口，全面封锁后，来源断绝，发生极大恐慌。加上广州向来是中国南方各省对外贸易的枢纽，内地土特产多由广州出口转运至香港外销。实行全面封锁后，土特产等不能出口，亦遭受不少损失。并且，随着罢工斗争的深入，罢工委员会发觉抵制一切外货的政策和"反对一切帝国主义"的口号，有促使各国与港英一致行动，共同对付广州，实行反封锁的可能。正如邓中夏所说："这种封锁不只封锁了香港，而且封锁了我们自己。"

邓中夏与苏兆征等罢工领导人冷静地分析了各国与港英之间的互相关系，认为虽然各帝国主义对于中国民族解放运

省港大罢工期间，邓中夏、苏兆征等人在开会。

省港罢工委员会宣布封锁沙面租界和香港。图为封锁后的广州沙面。

动所抱敌视态度是一致的，但彼此之间也因争夺经济利益而存在着尖锐的矛盾。省港大罢工爆发后，英帝国主义即调兵舰到香港和沙面，扬言要用武力封锁广州。但驻沙面各国领事都不赞成，还开会商定向英方提出警告，反对采取军事行动。如能利用各帝国主义之间的矛盾，集中力量打击英帝国主义，就有可能争取日美法等国暂时保持中立，才能有利于罢工斗争的进行，争取更大的成果。邓中夏明确提出，对各帝国主义应该区别对待，实行"单独对英"的斗争策略。

关于这个问题，邓中夏、陈延年、苏兆征等还与苏联顾问鲍罗廷进行讨论，终于取得一致的认识，最后决定采取"单独对英"策略；同时实施既能继续有效地封锁香港，又能促进广东经济发展的特许证制度，集中力量打击英帝国主义。"单独对英"策略还得到国民党左派领袖廖仲恺等支持。为了顺利实施这一策略，邓中夏在党团会议和罢工工人代表大会上详尽地讲述了当前形势和策略改变的作用及意义，并强调"凡不是英国货、英国船及经过香港者，可准其直来广州"的原则，使这一策略成为省港罢工期间所实行的"中心策略"。1925年8月16日，省港罢工委员会发出《关于处理存仓货物及发给特许证布告》。特许证制度实施后效果显著：各国商船均按规定纷纷到罢工委员会领取许可证，恢复贸易；不少原住在广州沙面的各国商人申请迁往广州市区营业，一些设在香港的外国商行也要求允准迁到广州营业。广州航运业也恢复了繁荣景象。而一向繁华的香港在经济上、政治上都受到了沉重打击，顿时变成了"臭港""饿港"和"死港"。香港总督史塔士曾扬言誓要在其任内将罢工镇压下去，可在省港大罢工爆发两月后就被撤职了，只好灰溜溜地离开了香港。

实施"单独对英"政策后，广州贸易得到恢复，但因特许证是由罢工委员会和国民政府外交部、商务厅、公安局共同签发的，手续烦琐，收费较多，商人对此颇有意见。邓中夏认为，为了团结商人共同对敌，在具体做法上可以作些适当让步，遂进一步简化手续，取消了特许证，改由罢工委员会发"出入口证"，并免收手续费，改善了商人和罢工工人之间的关系。

为进一步争取商人的支持，邓中夏又提出工商联合的政策。他在出席省商民代表大会时发表演讲称，"工商联合这个武器最厉害"，"比飞机大炮还有力量"。他的演讲使商人深受感动和鼓舞。会后，代表们即开展援助罢工工人募捐活动，一次就捐献了数千元。邓中夏后来反复指出：实行工商联合政策，是这次大罢工所以能够坚持十个多月的重要原因之一。此外，邓中夏还推动建立了"工农商学联合会"，这个统一战线组织的建立，对团结各界各阶层人士起到很大作用。

省港罢工的深入，也推动了广东工人运动的高涨。1926年2月26日，广州工农商学各界举行10万人示威游行，抗议由英人管理的广州海关税务司无理制造"封关事件"，迫使被封的广州海关得以重开，斗争取得了胜利。在工人运动勃兴的形势下，中共广东区委、中华全国总工会及时领导开展了一场省港工会统一运动。邓中夏不辞劳苦，深入细致地做香港各工会头目的思想工作，对各行业的工会进行改组，选拔了一批优秀工人充实到各级工会的领导层中，纯洁了工会队伍，为建立统一的香港总工会提供了前提条件。1926年4月，香港总工会第一次会员代表大会在广州召开。会议听取了邓中夏的政治报告，讨论通过了《香港总工会组织章程》，选举产生了总工会领导机构，宣告香港总工会正式成立。大会闭幕时，邓中夏作了《我们要巩固已建成的炮台》的报告。统一了香港的工会组织后，邓中夏等人又对广州的工会组织进行了整顿，统一调整，加入工人代表大会的工会共200多个，会员达19万人。工会统一运动进一步壮大了共产党领导的工人组织，并带动了广东各界革命团体的大联合。

与此同时，邓中夏十分重视培养工人干部。同年6月，省港罢工委员会和中华全国总工会联合创办了劳动学院，邓中夏担任院长，刘少奇、恽代英、阮啸仙、于树德、熊锐、甘乃光、黄平等任教员。邓中夏亲自授课，讲授"省港罢工概况""省港罢工中之中英谈判"等课目，后讲稿被作为单行本出版。这间劳动学院被誉为"中国工人阶级的最高学府"。第一期招收的学员有170名，主要培养省港大罢工的领导骨干。第二期招收的是地方工会干部。每期都有不少党团员自动前来旁听。劳动学院为中国共产党培养了大批干部。

1926年5月1日至12日，中华全国总工会在广州主持召开了第三次全国劳动大会，与会代表共502人。中共中央向大会

邓中夏在罢工委员会与记者和各界代表交谈

邓中夏在省港罢工工人代表大会上作报告

致祝词，邓中夏在大会上致开幕词。这次大会的中心任务是：总结五卅以来工人运动经验，制定今后的工作方针，动员全国工人起来迎接和援助北伐战争。大会通过了《关于中国职工运动的发展及其在国民革命运动中之地位报告的决议》《中国职工运动总策略决议案》《劳动法大纲决议案》等30多个文件。大会还为职工运动死难烈士及廖仲恺竖立纪念碑，并举行了追悼会。大会选出了全总第三届执行委员会，苏兆征当选为委员长，刘少奇为秘书长，邓中夏为执行委员。

同年7月，国民政府正式出师北伐。省港罢工委员会组织了运输队、卫生队、宣传队、交通队、慰劳队等随军出征。随着斗争形势的变化，中共广东区委和省港罢工委员会认为，在维护罢工工人利益的原则下，必须采取主动，结束罢工，以巩固已成为北伐后方的广州革命基地。为此，省港罢工工人代表大会于9月30日作了变更政策的决议，决定给予罢工工人津贴和安排工人工作，在保存罢工委员会、香港各工会机关和保存纠察队的前提下，以撤回纠察队、停止封锁的形式，结束省港大罢工。10月10日，罢工委员会发表《停止封锁宣言》，坚持16个月之久的省港大罢工宣告结束。但罢工委员会一直保留到1927年4月。

震惊中外的省港大罢工充分体现了中国工人阶级能够成为整个大革命运动中的一股主要力量。这场罢工得到广东革命政府和全国人民以及国际无产阶级的广泛同情和支持，持续了16个月之久，沉重打击了英国殖民者，对广东革命根据

1926年10月10日，省港罢工委员会在广州各界群众庆祝双十节大会上宣布停止对香港的封锁。

地的统一、巩固起到重要作用。

省港大罢工结束后，邓中夏利用空隙时间撰写了《一九二六年之广州工潮》一书，系统地总结了广州工人运动的经验教训。该书于1927年2月在广东出版。次月，他离开广州前往武汉，参与筹备太平洋劳动会议和第四次全国劳动大会。4月至5月，邓中夏出席了在汉口召开的中国共产党第五次全国代表大会，并当选为中国共产党第五届中央委员会委员。之后，他又先后出席了在汉口召开的太平洋劳动会议和第四次全国劳动大会。在第四次全国劳动大会上，邓中夏代表大会主席团在会上作了会务报告决议案和修改全国总工会章程的说明，并再次被选为"全总"执行委员、常委和宣传部部长。会后，邓中夏被调任中共中央秘书长。

1927年蒋介石、汪精卫叛变革命后，轰轰烈烈的大革命遭到失败。为了挽救革命，同年7月19日，邓中夏与谭平山、李立三等奉中共中央命令从武汉到达九江，准备和叶挺等人研究组织中国共产党掌握和影响的部分国民革命军，联合第二方面军总指挥张发奎重回广东，建立革命根据地。但发现张发奎已经投靠到汪精卫一边，于是，在革命的危急关头，李立三、邓中夏等提出了南昌起义的主张，并为起义做了大量切实有效的准备工作。7月底，邓中夏奉命返回武汉，向党中央详细汇报了南昌暴动的计划之后，又立即投入八七会议的筹备工作。8月7日，中共中央在武汉召开紧急会议（即八七会议）。会议确定了土地革命和武装反抗国民党反动派

八七会议旧址（湖北汉口三教街41号，即
今鄱阳街139号）

的总方针。邓中夏以中央委员的身份出席了会议。会议选举
了中央临时政治局，邓中夏当选为中共中央临时政治局候补
委员。

八七会议后，邓中夏先后担任中共江苏省委书记和中共
广东省委代理书记。1928年3月18日，赤色职工国际第四次
代表大会在莫斯科开幕，出席大会的有来自50多个国家的工
会代表团和代表，共500多人。中国也组织了15人的中国工
会代表团参加这次大会，邓中夏是代表团的领导人。然而在
出发前，他却在香港秘密机关召开中共广东省委常委会议时
被捕。虽然邓中夏因此未能出席赤色职工国际第四次代表大
会，但由于他领导的中国工人运动在国内外产生了巨大的影
响，仍被选为赤色职工国际中央执行局委员。

尔后，邓中夏经周恩来、杨殷营救出狱，离开香港回到
上海，在中共中央机关工作。不久，他被派往莫斯科筹备中
国共产党第六次全国代表大会。

第四章

从莫斯科到湘鄂西

从莫斯科到湘鄂西

一、出席中共六大

1928年6月18日至7月11日，中国共产党第六次全国代表大会在莫斯科召开。这是中国共产党第一次也是唯一一次在国外召开党代会。这年5月，邓中夏到达莫斯科，参加了大会的筹备工作，并作为正式代表出席了中共六大。

中共六大的召开，经过了将近一年的酝酿和筹备。1927年11月，中共中央临时政治局扩大会议决定于1928年3月召开第六次全国代表大会。但由于当时国内白色恐怖严重，要找到一个能够保证安全的地方召开党的代表大会颇为困难。1928年初，中共中央得知赤色职工国际第四次代表大会和共产国际第六次代表大会都分别于当年春夏间在莫斯科召开，少共国际也将在莫斯科召开代表大会时，考虑到时中国共产党都要派代表出席上述大会，而且中国共产党此时也迫切需要得到共产国际的及时指导，因此认为代表大会在苏联境内召开比较合适。于是，赤色职工国际驻中国代表米特凯维奇及中共中央分别向共产国际提出在苏联境内召开中共六大的请求。3月，共产国际来电同意中共六大在苏联境内召开。

中共六大会址"银色别墅"（莫斯科市郊五一村帕尔科瓦亚大街18号）

次月，邓中夏奉中共中央之命，从上海出发，前往莫斯科参与大会的筹备工作。

6月7日，周恩来、瞿秋白、苏兆征等召集近60名已到达莫斯科的六大代表开谈话会，讨论了政治、组织、职工、农运等决议草案的起草问题，以及成立秘书处和各工作委员会的问题。邓中夏参加了这次讨论会。6月9日，斯大林接见了这次大会筹备工作的负责人瞿秋白、周恩来、苏兆征、邓中夏等，和他们作了重要的谈话，主要谈了中国革命的性质、革命的高潮与低潮两个问题，确定中共六大的基本任务。6月14日和15日，布哈林以共产国际代表的身份召集政治谈话会，这实际上也是一次小范围的预备会议，邓中夏等21人出席。为了保密起见，所有出席六大的代表，除了共产国际代表，不论正式代表、指定代表还是旁听代表，就连大会的工作人员，凡是到会议报到处报到的，一律用代号相称，不用真实姓名。邓中夏的编号是第1号。

1928年6月18日上午，中国共产党第六次全国代表大会在莫斯科近郊的五一村帕尔科瓦亚大街18号举行开幕式，出席这次会议的有中共中央领导人和全国17个省的代表团，连指定代表及旁听代表在内共142人。邓中夏以第五届中央委员会委员的身份出席大会。除中共代表外，共产国际、少共国际、赤色职工国际的代表以及苏联共产党、法国共产党、意大利共产党、日本共产党、英国共产党、美国共产党等也派代表出席了大会并致祝词。当晚，在瞿秋白主持下，会议讨论通过了由瞿秋白、周恩来、邓中夏等21人组成大会主席团，通过了由大会秘书处起草的大会议事日程、大会议事细则和大会会场规则。大会由大会主席团负责主持，为了便于研究会议要解决的各项专门问题，大会主席团负责向大会提出报告和起草决议，在大会主席团下分别设立了13个专门委员会，邓中夏是其中的政治委员会、军事委员会、组织委员会、职工运动委员会、苏维埃运动委员会和南昌暴动委员会等6个委员会的成员。会议还将主席团成员划分为6个组，每天上午、下午各一个组主持会议。邓中夏负责第六组。根据会议议事日程的安排，章程草案报告的报告人是邓中夏。

中共六大会议期间，邓中夏踊跃发言。据记录，他发言有4次，在6月22日和26日讨论政治报告时发言，在政治委员会议发言，在7月6日职工运动讨论时发言。他在发言中坚持马克思主义立场，同时与右倾和"左"倾错误作不妥协的斗争；对于一些同志的错误当面提出批评。如在讨论职工运动报告时，邓中夏曾指出：这个决议草案，几乎是从五卅运动说起的，关于五卅前的没有说到。他参加了各种重要决议案的起草工作，积极参加各委员会的讨论，对许多问题都提出有益的意见，并向大会提出了不少积极的建议。邓中夏还代表苏维埃运动委员会向大会报告了《苏维埃组织问题决议大纲》，并获得大会顺利通过。

7月9日，大会通过了《政治决议案》《土地问题决议案》《农民问题决议案》《职工问题决议案》等决议，并通

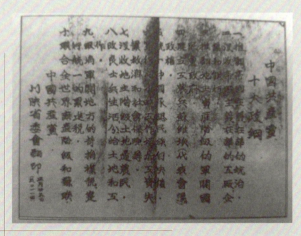

中共六大通过的《政治决议案》

中共六大通过的《中国共产党十大政纲》

过了经过修改的《中国共产党党章》。中共六大通过的新党章共有15章，包括：党的名称、党员、党的组织系统、支部、城乡区的组织、县或市的组织、省之组织、党的全国会议、党的全国大会、中央委员会、审查委员会、党的纪律、党的财政、党团、与共产主义青年团的相互关系。新党章反映了中共五大后党在自身建设的新成果和新进展。

7月10日，大会进行选举，瞿秋白、周恩来、苏兆征、杨殷等23人当选为中央委员会委员，邓中夏等13人当选为中央候补委员。

中共六大是在特定历史时期和历史条件下召开的具有重大历史意义的会议。这次会议认真总结了大革命以来的经验教训，正确估计了大革命失败后的形势，对有关中国革命的一系列根本问题作出了基本正确的回答，确定了党在新形势下的路线、方针和任务。大会集中解决了当时困扰党的两大问题：中国社会性质和革命性质问题及革命形势和党的任务问题，基本统一了全党思想，对克服党内存在的"左"倾情绪，摆脱被动局面，实现工作的转变及对中国革命的复兴和发展起了积极的作用。

中共六大结束后，邓中夏和周恩来、瞿秋白、苏兆征、张国焘等一道，代表中国共产党出席了共产国际第六次代表大会。这次大会于1928年7月17日至9月1日在莫斯科工会大厦召开，大会议题是讨论世界状况与共产国际的任务、殖民地问题以及共产国际的党纲等。

从莫斯科到湘鄂西

为促进中国革命运动的发展，加强共产国际与中国革命的联系，邓中夏于8月19日向大会主席团提出了四项建议，其中有：在莫斯科建立"中国字印刷所"，翻译出版革命书刊运往中国国内；成立"中国问题研究会"，加强对中国革命理论问题的研究等。他的建议引起共产国际和中共中央的重视，会后不久即在莫斯科成立了中文翻译局和中文印刷所，并充实了原有的中国问题研究会人员，发展成中国问题研究所。可惜的是，这些机构被"左"倾教条主义者所把持，未能充分发挥应有的作用。邓中夏要求恢复《布尔什维克》杂志的建议也为中共中央所接纳（该杂志是1927年10月中共中央在上海创办的周刊，瞿秋白、邓中夏等任编委，至1928年2月停刊），该杂志于同年在国内复刊。

共产国际六大闭幕后，邓中夏和瞿秋白、张国焘、王若飞、余飞（又名余茂怀）等人留驻莫斯科，组成中共中央驻共产国际代表团，团长瞿秋白，副团长张国焘。当时的共产国际是领导世界各国共产党的国际机构，赤色职工国际、农民国际、少共国际是分别领导世界各国工人运动、农民运动和青年运动的国际团体。代表团的任务是代表中共中央参加以上国际机构的工作，负责安排和领导中国去苏联学习和工作的共产党员的活动，以及办理党中央委托的各项任务。该代表团成员的具体分工是：瞿秋白、张国焘任中国共产党驻共产国际代表，邓中夏、余飞任中华全国总工会驻赤色职工国际代表，王若飞任中国农会驻农民国际代表，陆定一任中

共产国际第六次代表大会会址——莫斯科工会大厦
圆柱大厅

位于上海市愚园路1376弄34号的《布尔什维克》编
辑部旧址

从莫斯科到湘鄂西

国共青团驻少共国际代表。

在担任中华全国总工会驻赤色职工国际代表的两年中，凡出席赤色职工国际召开的重要会议，邓中夏都积极发言和发表文章，为促进国际工人运动、介绍中国工人运动情况、争取世界各国工人阶级对中国工人阶级斗争的同情和支援做了大量工作。

二、撰写中国工运经典——《中国职工运动简史》

1928年10月初，邓中夏正式进入赤色职工国际工作，主要任务是将国际职工运动的实况与经验传递给中国，并向国际介绍中国职工运动的实况与经验，建立中国赤色工会与赤

邓中夏在莫斯科

色职工国际及其所属的各国工会的联系。其间，他以笔作武器，撰写了大量介绍中国职工运动的历史和现状的文章，在国内外引起很大的反响，其中影响最大、流传至今的巨著，就是撰写中国工人运动历史过程的《中国职工运动简史》。

在驻苏的头一年，为促进中国工会和世界各国工会之间的彼此了解和互相支援，邓中夏先后撰写了《白色恐怖下之中国职工运动》《上海新兴的黄色工会》《组织中国农村工会问题》等文章，先后在《赤色职工国际》月刊上发表，介绍了中国职工运动的实况，揭露了国民党反动派屠杀中国工人的罪行，颂扬了中国工人阶级英勇不屈的斗争精神。如《白色恐怖下之中国职工运动》一文，向全世界揭露了1927年大革命失败以后，成千上万的中国工人阶级的优秀儿女惨死在国民党反动派的屠刀下。他指出：中国工人阶级并没有被敌人的残暴所吓倒，他们以更英勇的斗争来回击敌人，如在广东就爆发了许多"示威运动"和"政治大罢工"，在中国共产党的领导下，又爆发了"震惊东亚之广州暴动"。直到1928年，广州、上海等地仍保存着革命工会，数以万计的工人在中国共产党的领导下，用各种方法和黄色工会、国民党政府及资本家进行斗争。他强调：更值得注意的是，在新的形势下，中国共产党改变了斗争策略，领导广大工农群众开展武装斗争，"建立苏维埃，没收地主土地"，"树起了镰刀斧头的红旗"。他坚信工农联盟和武装斗争将保证"中国工人阶级终于要得着最后胜利"。该文还曾被德国、美国的进步刊物和《太平洋工人》月刊转载。

邓中夏在赤色职工国际工作期间，通过出席各种会议和涉猎有关报刊，吸收国际工人运动的经验，写成报告介绍给中华全国总工会，同时又不断地把中国工人运动的情况和经验介绍给各国工会，以争取各国工人阶级对中国工人运动的同情和支持。1929年秋在海参崴举行的第三次太平洋劳动会议，是一次具有各种不同政治倾向的各国工会代表的统一战线性质的会议，参加这次会议的"有中国、日本、朝鲜、印尼、菲律宾、美国、苏联等国的工会代表"。邓中夏参与了大会决议的起草工作，并以中国工会代表团团长的身份，在会上就"革命工会组织如何参加反帝斗争，如何反对当时已露征兆的帝国主义战争的危险，如何实现太平洋沿岸各国工会组织的统一战线和团结等问题作了重要的发言"。会后，他参加了改组和加强太平洋劳动会议秘书处的工作，选派黄励（又名黄丽，化名张秀兰，莫斯科中山大学毕业）等为中国常驻秘书处的工作人员，并用中、日、韩、俄等多种文字出版《太平洋工人》月刊。该刊中文版运到中国内地，供各地工会干部和工人群众阅读，对沟通国际工人运动与国内工人运动起到一定的推动作用。

1929年11月，第五次全国劳动大会在上海秘密召开，邓中夏在苏联未能回国参加，仍被选为中华全国总工会的执行委员，并被"选为全总的常委之一"。12月，赤色职工国际召开第六次扩大会议，邓中夏被指定第一位在大会上作长篇

黄励与邓中夏在苏联的合影

莫斯科中山大学

"报告性质的发言"。他系统地阐述了中国工人运动的历史和现状，总结了工人运动的经验教训，使各国与会者听了很受启发和鼓舞；他还提议以会议的名义，致电中华全国总工会，向英勇的中国工人阶级致以"极大的敬意"和"慰劳"。此外，他还设法争取让正在莫斯科中山大学和列宁学院学习的中国工会干部到赤色职工国际召开的有关会议上旁听，使他们了解各国工人运动的情况，学习外国的经验，开阔眼界。

为更好地指导中国职工运动，促进中国和国际工人运动的开展，从1929年起，邓中夏根据亲身经历和平时对工运的研究，开始撰写《中国职工运动简史》，系统地总结中国工人运动的历史经验和教训。实际上，邓中夏著述中国工人运动历史的计划酝酿已久。早在1926年6月底，他在领导省港大罢工期间创办了中国工会第一所大学——劳动学院，在教学科目的设计中，就将中国职工运动史作为必修课，并亲自主讲。虽因当时反帝斗争形势紧张，没能编印出教材，但中国工人运动史的编写计划由此被提到日程上来了。1927年1月，邓中夏在全国总工会执委会议上曾提出编辑出版职工运动丛书的计划，其中所列准备出版的27种书，涵盖了著述中国工人运动历史所需要的内容。1928年8月，他在向共产国际第六次代表大会主席团建议由共产国际东方部中国问题研究会组织编撰的书目里，正式提出著述该书。及后，他利用在莫斯科生活较为稳定的机会，挤出时间进行著述，以完成多年的心愿。虽身处异国他乡，资料匮乏，但邓中夏依据亲身经历和深厚的理论功底，在艰苦条件下笔耕不绝，潜心修史。

然而，树欲静而风不止。在莫斯科的两年期间，邓中夏和瞿秋白等因为维护党的原则和为革命同志秉持正义，同米夫及王明等的宗派集团进行斗争，却因此遭到打击。1928年冬，王明等在莫斯科中山大学校长、共产国际东方部负责人米夫的支持下，诬陷在莫斯科中山大学学习的中共党员俞秀松、董亦湘等组织江浙同乡会，引致众多留学生不安，纷纷向党中央和中共中央驻共产国际代表团告状。瞿秋白和邓中夏等奉命进行调查，发现此事纯属捏造，将调查结果如实报告了党中央，并为俞秀松、董亦湘等人平反了。米夫和王明因此怀恨在心。1929年上半年，瞿秋白、邓中夏等发现米夫与王明等人关系极不正常，甚至有密谋篡夺中共中央领导权的迹象，遂由瞿秋白"向共产国际东方部部长枯西宁提出了撤换米夫的建议"。可见，瞿秋白、邓中夏是中国共产党内最早识破米夫、王明嘴脸和最早站出来与之作斗争的领导人。可惜，他们的建议未被共产国际采纳。米夫亦因此对瞿秋白、邓中夏等更加忌恨，遂与王明等借清党之机，把反对过他们的正在莫斯科中山大学进修的中国留学生，诬陷为参加"第二条路线联盟"的反党分子，并捏造事实，诬指瞿秋白、邓中夏等是他们的支持者。1930年春，共产国际政治委员会通过《因中山大学派别斗争关于中共代表团行动问题决议案》，错误地指责中共驻共产国际代表团中的瞿秋白、邓中夏等领导和支持了中山大学的派别活动，要求中共中央刷新代表团的成分。不久，邓中夏因奉中共中央之命离开代表团，准备回国。《中国职工运动简史》的写作因此停止。

在邓中夏的原计划中，《中国职工运动简史》一书拟为30章，纲目严格按照中国工人阶级自身发展（组织和斗争）的进程来谋篇布局。到1930年6月回国前，邓中夏共完成了其中的13章，分别为"原始的职工运动""职工运动黎明期""中国第一次罢工的高潮""香港海员大罢工""第一次全国劳动大会及劳动立法运动""开滦五矿大罢工""京汉铁路大罢工——'二七'惨案""职工运动消沉期""职工运动复兴期""上海日本纱厂大罢工（附青岛日本纱厂大罢工）""第二次全国劳动大会，中华全国总工会的成立""五卅运动""省港大罢工"，系统详细地记述了中国工人运动历史的发生和发展全过程，准确地评价了中国工运史上重大事件的历史地位。同年6月19日，邓中夏接到中共中央"回国参加革命实际工作"的命令后，以愉快的心情为《中国职工运动简史》写了"著者申明"。在其"著者申明"中阐明："本书原定三十章：前三章为'中国工业的发展''中国无产阶级的形成''中国工人的劳动条件'；后十四章为'广东时代极盛期''反奉战争''第三次全国劳动大会''上海罢工期''北伐期中两湖职工运动之发展''上海三次暴动''武汉时代极盛期''第四次全国劳动大会''国民党叛变后''广州暴动''大革命失败后的消沉期''职工运动的转机''第五次全国劳动大会''总结'。但中国革命

三本均为邓中夏关于省港罢工的著述，封面题词和漫画都是邓中夏的手迹。

《中国职工运动简史》新华
书店晋察冀分店1946年版

《中国职工运动简史》知识书
店1949年版

《中国职工运动简史》人民出
版社1953年版

新高潮之日益高涨，使著者不能不立即回国，因此，只得把已写成的定为上卷，先行出版，前三章也只得日后再补。其余定为下卷，将来有暇时再写。"

邓中夏著述的《中国职工运动简史》可谓中国工人运动史的开山之作。该书文字流畅，内容丰富，史料详实，理论深厚，记述了中国工人阶级在中国共产党的领导下进行英勇斗争的事迹，是反映中国工人运动的第一部历史著作。虽然他在"著者申明"中谦虚地说"本书缺乏材料参考，大部分都是凭记忆所及，秉笔直书，脱漏及错误之处，在所不免，望读者加以匡正，以便再版时加以补充和修改"。但这恰恰印证了其著述态度之严谨。这部中国工人运动史的专著是邓中夏留给中国工人阶级和中华民族的一份珍贵遗产，是中国工人运动的红色经典，是中国工人运动史作为独立的学科的奠基石。

1930年，在邓中夏离开苏联后不久，《中国职工运动简史》一书在莫斯科首次印刷发行，出版者为苏联中央出版局。1934年，解放社根据该版本再次出版。此后，该书多次再版。1953年，人民出版社根据解放社的版本，在个别字句上作了些订正，并在书名下加"（1919—1926）"以标明本书叙事起讫时间。中国工人运动史研究专家评价该书是第一部用马克思主义观点系统地总结中国工运历史经验、正确地记述中国工运历史过程的专著，为编著工运历史开创了范例。

1930年7月，邓中夏告别了妻子李瑛（又名李惠馨，后改夏明）与爱子，告别了战友，离开了莫斯科，经哈尔滨秘密回国。

三、转战湘鄂西

邓中夏离开苏联后，于1930年8月回到中共中央所在地上海，随即被派往湘鄂西革命根据地工作，任中央军委委员兼中共湘鄂西特委书记、红二军团（后改为红三军）政治委员兼前敌委员会书记。

湘鄂西苏区是中共党组织于1929年创建的革命根据地，包括洪湖、湘鄂边、巴兴归等几个区域。大革命失败后，贺龙、周逸群、段德昌等奉中共中央指示在湘鄂西发动革命，建立革命武装，开展游击战争，几经挫折，终于建立起以桑植、鹤峰为中心的湘鄂边苏区和以洪湖为中心的苏区。1930年9月初，邓中夏化装成商人启程前往洪湖苏区，于10日到达位于监利县南部边陲的荆江、长江、洞庭湖三江口北岸白螺矶，12日来到红二军团驻地，开始了他在湘鄂西苏区的战斗生活。

此时，由于以李立三为代表的"左"倾冒险主义错误的推行，湘鄂西苏区和红二军团受到严重影响。1930年7月4日，按照中央指示，活动在该苏区的红四军与红六军合编为红二军团，贺龙任总指挥，周逸群任政委兼前委书记，柳克明任军团政治部主任。红二军团在讨论军事行动方针和苏区

湘鄂西苏区革命历史纪念园

湘鄂西革命根据地周家嘴红二军团指挥部旧址

发展方向时，贺龙、周逸群与中央军委特派员柳克明、特委书记周小康等发生意见分歧，贺龙、周逸群被指责为"右倾"，只好执行"左"倾错误影响下的"争取革命首先在湖北胜利"，以及集中红军实现四、六军会师，进攻荆州、沙市，然后进攻武汉的冒险主义主张。结果，红二军团连遭挫败，伤亡甚多，士气低落。邓中夏刚到达洪湖苏区，了解到此情况后，认为红二军团接连受挫，如继续向武汉进军，显然是冒险行动。他一边"当即派人飞至传达，每日一函"，给红二军团负责人连发四函，"令其将军队调回，先集中洪湖附近，俟开军事会议后"再确定下一步行动；一边迅速将情况如实向长江局和中央报告，并对红二军团奉命进攻武汉提出了自己的见解："惟据我观察，第二军团是否能担此任，尚是问题，因其战斗能力实属有限，从上次进攻监利失败、此次进攻沙市无功可证"。

1930年9月20日，邓中夏赶到周家嘴，主持召开了红二军团前委军事会议。会上，他集中了大家的正确意见，决定在渡江配合红三军团行动前，首先集中全军力量攻下监利城。为保证战斗胜利，他在军队里作了战斗动员，还组织根据地数万名赤卫队员配合红军进攻。22日拂晓，红二军团发起进攻，当晚攻克了监利城。此役胜利，士气大振。随之，红二军团一鼓作气，连克沔阳、仙桃等城镇。这时，邓中夏发现苏区地方组织薄弱，无力接收红军打下的大片新区。加上通过这段时间的军事实践，他进一步了解到红二军团的战士虽很勇敢，但缺乏军事训练，而虽有部分干部出身于军校，但也有不少干部是工农出身的，从未受过正规训练，缺乏打大仗的经验，且对战士的训练也极不统一，政治、情报、参谋等部门也未能适应大部队作战要求，因此亟须整训部队。在他提议下，前委决定红军暂不北进，将部队转移至峰口进行整训。

为使整训达到预期效果，邓中夏因势利导开展军队的政治思想工作，在监利召开了他到达后的第二次前委会议，强调要对全军特别是各级领导干部进行政治思想教育，对红六军中存在的缺乏自我批评精神、极端民主化等农民意识，以及红二军中纪律不严、有个别人吸食鸦片等不良现象进行严肃批评。会后即开始对全军进行整训。邓中夏和贺龙很重视这次整训，亲自制定整训计划和内容。军事训练课目是射击、攻击、行军、警戒、防御、夜战、遭遇战、山地战、攻城、渡河等；政治课目是阶级斗争、无产阶级军队的性质、当前国际国内形势等。邓中夏亲自给战士们上政治课，讲无产阶级军队的性质、红军和白军的区别，树正气，讲纪律，讲团结。在提高全军的政治觉悟和严明军纪的同时，又从组织、经济分配问题、补充问题等方面尽量消除可能引起不公平的现象，促进了两军之间的团结。邓中夏还注意发挥大家的革命积极性。他了解到贺龙曾遭"左"倾机会主义者攻击，受到组织怀疑，便如实地向党中央报告，使之怀疑被消除。他又将洪湖苏区创始人之一段德昌从师长提拔为红六军军长，注意团结曾犯"左"倾错误的柳克明，请求中央让他继续留在苏区工作，并任命他为红六军政治委员。此外，还进行了裁汰冗员，减少行李、马匹，加强参谋、情报工作等。整顿大大提高了红二军团的军事素质、政治素质和增强了整支队伍的战斗力。

邓中夏利用战斗间隙熟悉地情社情，到洪湖苏区调查研究，与当地干部、群众交谈，了解他们的状况，倾听他们的呼声。他在调查研究中发现在根据地建设、土地分配和经济政策等方面存在许多错误，如未平分土地，将中农亦当富农看待，在经济上采取闭关政策，还强迫征收各种捐费等，以致造成"农民反水"和赤白两区群众的严重对立。国民党反动派和北极会、硬肚会等反动团体更趁机煽动农民反对苏维埃政权。在一次召开群众大会时，"群众突起暴动，当场杀苏维埃工作人员40多人及党部共产党员30余人"。邓中夏意识到这是个严重问题，指出：要制止农民"反水"绝不能靠镇压，而是靠符合人民群众要求、代表人民群众利益的政策，才能使他们真心实意地拥护苏维埃政府。

邓中夏一方面将这些问题及时向中共中央和长江局如实反映，一方面着手解决苏区存在的问题，纠正这些错误。9月24日，他在监利主持召开了三个重要会议，集中解决土地分配、经济政策和根据地建设等一系列问题。

他首先主持召开了原特委与原前委联席会议。会上，根据中央决定，取消原鄂西特委，成立湘鄂西特委，邓中夏、周逸群、贺龙、周小康等7人为常委，邓中夏任书记。邓中夏

中国共产党湘鄂西特委旧址

因自己要随红二军团行动，难以顾及苏区的日常工作，便提议推举周逸群为特委代理书记（当时周正受"左"倾机会主义迫害，不能担任特委书记），并由周兼任湘鄂西联县政府主席，好让周能集中精力抓好地方工作。为加强军队的集体领导，经邓中夏提议并报中共中央批准，由红二军团中担任湘鄂西特委委员的7位同志组成红二军团党的前敌委员会，邓中夏兼任前委书记。会议还深入讨论了湘鄂西苏区的土地分配、经济政策、苏维埃联县政府建设、根据地党的建设、地方武装建设等一系列问题。

联席会议结束后，湘鄂西特委第一次紧急会议立即召开。会议通过了由邓中夏等起草的《政治任务决议案大纲》《土地问题决议案大纲》《经济政策决议案》《苏维埃决议案》《军事问题决议案》《党的组织决议案》。这些决议纠正了许多"左"的错误，贯彻了党的正确方针政策。如邓中夏在《土地问题决议案大纲》中明确指出：党在农村应"抓住雇农及贫农、联合中农"，"没收土地的标准是没收地主阶级的土地，对于富农的土地，只没收所余出佃坐收租谷的一部分，绝对不应侵犯中农的土地"。他在《经济政策决议案》中强调"苏区经济务须与白区流通，封锁是自毁政策"，"经济流通与赤区工业品的供应，必须以商人做中坚"，"政府经济收入，应为公益费，支出应有精密的系统计划"。为整顿苏区的金融秩序，邓中夏还提出"由联县政府建立农民银行，发行纸币，调剂赤区经济，办理农民储蓄借贷事业等，但禁止各县滥用纸币，各县已发出的各种纸币设法收回，通用鄂西银行纸币"。由于这些政策适合苏区的实际，符合根据地人民的要求，对粉碎敌人的经济封锁、发展苏区经济、改善人民生活、密切群众与党和政府的关系、巩固根据地起到重要作用。

接着，邓中夏又主持召开了中国共产党湘鄂西特别委员会扩大的第一次特委全体会议。会上，他作了政治报告。报告谈及目前革命形势，布置了巩固苏维埃根据地和巩固红军、加强城市工作和白色区域的工作、两条战线上的斗争、转变党的阶级基础和培养干部、群众工作等任务，最后强调要纠正形式主义。他尖锐地指出："湘鄂西的形式主义，是最严重的危机。这种形式主义在各级党部群众团体中处处可以看出"，"党应当与此种形式主义作无情的斗争，务使一切工作实际化"。

与此同时，邓中夏还采取"正当的补救措施"，改组了苏区政权，撤换了腐化的干部，加强了根据地的建设和干部队伍的培养，施行新的政策，开展土地革命，争取了群众，巩固了政权。10月下旬，湘鄂西苏维埃第二次代表大会在监利县城召开。大会共开七天，参加大会的有苏区各界代表共

鄂西农民银行信用券

800多人。邓中夏和贺龙等出席了会议。会上，邓中夏作了政治报告。代表们对邓中夏的报告进行了热烈的讨论。大会通过了苏区政治任务、军事问题、经济政策和文化教育等决议和湘鄂西苏区《土地革命法令》《保护工农法令》《武装工农法令》《保护人权法令》《肃清反革命法令》《婚姻法令》和《优待红军家属及抚恤伤亡实施条例》等一系列法令；把原鄂西联县政府改组为湘鄂西联县政府，周逸群当选为联县政府主席。这次代表大会开得很成功，与会代表对苏维埃政府充满信心，根据地群众革命情绪高涨。大会制定的政策法令推动了苏区土地革命的普遍开展，促进了苏区农业的发展和苏维埃政权的巩固，对动员苏区人民投入反"围剿"斗争起了重要的作用。

10月中旬，红二军团接到上级下达进攻岳州的指令，不得不于月底离开洪湖根据地，渡江南征。邓中夏与贺龙一道，率红二军团连战连捷，队伍不断壮大，江南苏区随之扩大。红二军团的节节胜利，使国民党反动派十分震惊，遂调集重兵向红二军团反扑。在敌众我寡形势下，为保存力量，红二军团主动撤退，转移到公安县境内。12月12日，在前委会议研究红二军团今后的行动计划时，贺龙、段德昌与邓中夏等意见有分歧，邓中夏即派人通知湘鄂西特委全体委员到松滋开会以作决定。就在等候过程中，敌军于17日分三路突袭驻杨林寺的红六军，使该部损失重大。邓中夏没有推卸责任，说："洪湖赤卫区的摧残，第二军团的削弱，都应由我

湘鄂西苏维埃政府旧址

负责。"他于1931年初写给中共中央的一份报告中认真总结了南征受挫的经验教训："我们要承认，渡江以来我们军事行动的最大错误，在于成了单纯的军事行动，而没有与巩固地方政权联系起来，没有执行好巩固并向前发展的方针，以致结果虽然占领了无数城池，都随得随失，而前方与后方完全断绝，今后当然应努力纠正这一错误。"1931年初起，邓中夏等带领红二军团在当地的配合下，经过几个月的艰苦斗争，使湘鄂边根据地的建设初具规模，并不断扩展。

1931年1月，在共产国际远东局负责人米夫的操纵下，王明实际操纵了中共中央领导大权。王明上台后即排斥不同意见，因而邓中夏遭到了王明"左"倾教条主义的刁难和指责。1931年2月22日，王明以政治局名义通过《关于一九二九——一九三〇年中共中央驻国际代表团行动问题的决议案》，除诬指邓中夏、瞿秋白等在莫斯科犯了支持中山大学派别斗争的错误外，还指责他们回国后没有认错改错的表现，因而不能重用；还说邓中夏却被"派往湘鄂西苏区负重要工作"，对此"伍豪（即周恩来——作者注）同志要负相当的责任"。王明于3月10日又以中共中央名义致函湘鄂西特委，指责邓中夏执行"立三路线"，并诬陷其犯了"富农路线"和带领红二军团"上山逃跑"的"右倾"错误。与此同时，中共中央派夏曦作为党中央代表，取代了邓中夏在湘鄂西苏区担任的所有领导职务。3月下旬，中共湘鄂西中央分局成立，分局书记夏曦根据王明的指示，先后以湘鄂西特委和中央分局的名义，命令红二军团改编为红三军，并责成该部立即离开湘鄂边，撤回洪湖。王明控制的党中央还作出了"撤销中夏同志各种职务"的决定。只是当时部队不断流动，交通阻隔，这一决定未能及时送达红二军团，因此在改编为红三军时，仍由邓中夏担任政委兼前委书记。

同年4月初，邓中夏和贺龙率领红三军，告别了湘鄂边根据地的父老乡亲，向洪湖苏区进发，于上旬攻克巴东，渡过长江，进入了巴兴归苏区，并帮助打开了这一片区的斗争局面。离开巴兴归后，邓中夏仍继续关心巴兴归根据地的工作。同年8月，邓中夏曾以红三军前委名义写信给巴兴归县委，指出县委工作中存在的问题，要求迅速解决农民的土地问题，加强对群众斗争的领导，健全党的组织，注意党的政策和策略等。这封指示信引起县委的重视，使该地区斗争进入了一个新的时期。

虽然蒙受不白之冤，邓中夏依然以党的事业为重，与贺龙一道带领红三军配合洪湖苏区军民巩固发展根据地和进行反"围剿"斗争。邓中夏于7月4日代表红三军前委向党中央汇报了鄂北地区的形势，并提出个人建议："以房、均、保、南、荆、当、远为中心区域，北与鄂豫边联系起来，南与江、石、监、沔赤区联系起来"，"完成鄂北鄂西统一的大事业"。

可是，6月底，王明以党中央的名义发出《关于军事路线问题给二军团全体同志的信》，勒令"立刻撤销"邓中夏的"机会主义"的领导，"必须立刻离开二军团"，"二军必须立刻回到湘鄂西原有苏区根据地"。9月18日晚，红三军前委在刘猴集召开团以上干部参加的扩大会议，宣读该信，传达党中央及湘鄂西分局、湘鄂西省委和军委作出的一系列对邓中夏处分的决定，宣布撤销邓中夏的一切领导职务。

邓中夏随红三军回到洪湖后，被夏曦以湘鄂西中央分局名义责令"检查错误"。尽管遭到政治迫害，邓中夏仍然遵守党的纪律，在给党中央的信中，他光明磊落地表态："自我接到中央命令以后，我在三军除得万涛同志同意与贺龙同志谈过一次话以外，未与任何同志谈话，总之，我没有丝毫违抗中央的言论与行为。"他襟怀坦荡，信念坚定，以坚持实事求是与敢于批评和自我批评的原则写了一份7万多字的报告，回顾了自己在湘鄂西一年多来的工作。

邓中夏是忠诚的共产主义战士，即使身陷困境，仍念念不忘党的事业，在被迫检查期间，还凭记忆写了一本数十万字的《中国共产党史稿》，交郑绍文保存。后来，邓中夏在狱中与郑相遇时，得知这部史稿在战斗中丢失了，连声叹惜"再没有机会来写这样的东西了！"

12月9日，忠实执行王明路线的夏曦以湘鄂西省委名义通过了《邓中夏同志的决议》，指责邓中夏"承认错误态度不好"，给予"严重警告"处分，并将邓中夏送往党中央听候处理。从此，邓中夏在交通员的引导下，在周家嘴南头登上小船，默默地离开了洪湖，离开了浴血奋战一年多的湘鄂西苏区。

第五章

坚持地下斗争

一、逆境中救援难友

邓中夏被王明"左"倾教条主义错误当成犯了"立三路线"错误而遭到"残酷斗争""无情打击"后，被撤销了中共湘鄂西苏区特委书记和红二军团（后改为红三军）政治委员、前委书记的职务。1931年底，他遵照组织安排，秘密抵达上海候命，在逆境中继续坚持斗争。

邓中夏到上海后，经历了他革命生涯中最艰难的岁月。当时正面临着严峻的政治形势：日本帝国主义继发动"九一八"事变、侵占中国东北三省后，于1932年1月28日夜晚，又制造各种借口发动对上海闸北区的进攻，发动"一·二八"事变。蒋光鼐、蔡廷锴率领第十九路军进行了英勇抵抗。而国民党统治集团却主张对日妥协，蒋介石提出"攘外必先安内"的方针，并加紧部署对革命根据地的"围剿"。在民族危机日趋尖锐化的关头，邓中夏心急如焚，迫切希望党组织能安排工作，让自己早日踏上新的战斗岗位。

然而，正当革命事业急需用人之际，中共临时中央继续推行"左"倾冒险主义和关门主义，排斥一切反对王明

"左"倾错误的革命者，迟迟不给邓中夏安排工作，又不发生活费。所以，邓中夏抵达上海的1932年春这几个月，既无工作，又无任何收入，甚至连基本生活都难以维持。他租住在一间狭小简陋的房子，依靠妻子李瑛在日资纱厂当学徒每月7块钱的收入。房租支出3元后，剩下的4元勉强维持两人生计。尽管邓中夏未被安排工作，生活很窘迫，但他的心始终是炽热的。他时刻关心革命形势的发展，对从革命根据地传来的反"围剿"胜利的消息感到欢欣鼓舞，对遭受王明"左"倾错误冤杀的革命者极感痛心，更对王明"左"倾错误对革命造成的恶果无比愤慨！

1932年暮春时节，邓中夏接到上海地下党组织通知他到中共沪东区委工作。由于王明的"左"倾错误不仅在红色区域推行，而且使白区也受严重影响，对不同意见的干部实施

邓中夏与夫人夏明、儿子全家照

惩办主义，于是沪东区委宣传部领导便安排邓中夏到宣传部去刻蜡版，并帮区委编辑油印小报《先锋》。邓中夏二话不说，每天都去宣传部编辑小报、伏案刻蜡版、亲自油印、秘密分发等，样样都干，一丝不苟，尽心尽力。当年和邓中夏在沪东区委工作的匡亚明（新中国成立后曾任中共华东局宣传部常务副部长，吉林大学、南京大学党委第一书记兼校长、江苏省人大常委会副主任）回忆说："中夏同志是中国共产党最早的党员之一，很早就是党的中央委员，一直担负党的重要负责工作。1927年大革命失败后，他担任中共江苏省委书记时，我就认识了他。1932年在上海再次见到他时，是他遭到王明宗派主义的打击、在苏区被撤销了一切领导职务、被当作机会主义者来对待的时候，但他依旧忠诚党的事业，没有一点消极悲观的影子"，"没有丝毫动摇他自己对无产阶级革命事业总的目标的信念"。他"在区委编油印小报，仍是认真负责，一丝不苟"，"真正做到了以革命利益为第一生命，以个人利益服从革命利益"。"这种无产阶级的高贵品质和坚强的党性，是极其可贵的。"这说明邓中夏虽然遭到不正确的对待，但他并不计职位高低，不计个人得失，而是把编小报、刻蜡版作为一个战斗的舞台，通过这个舞台对革命发挥最大限度的作用。

正当邓中夏任劳任怨埋头工作的时候，1932年11月3日，他的妻子李瑛前往圣母院高福里找一位姓朱的翻译秘密文件时，被叛徒出卖而被捕了，并被判三年多徒刑，这对邓中夏是一个沉重打击！本来，邓中夏被重新安排工作后，夫妻生活稍为安定些，仍因生活困苦所迫和担心影响革命工作，将刚出生的儿子送给了人家哺养。现在妻子被捕，更是增添多少忧烦啊！但邓中夏确是一个坚强的革命者，他对家庭的劫难沉着应对，对党组织交给的重任勇于担当。他在工作之余，多次委托律师史良（女，时任上海律师公会执委，前已参加"中国革命人道互济总会"，任该会律师。中华人民共和国成立后，曾任司法部部长、全国政协副主席、全国人大常委会副委员长）前往狱中探望，并带去书信叮嘱妻子"生活上应如何得到我们的帮助，请对史律师详细的说，以便我好照办"。邓中夏先后给狱中的妻子写过5封信。在1933年5月8日给妻子的信中说："我虽然经济困难，但我会托人购买适合你在狱中生活的暗色布料做好寒暑衣物送给您。""妹妹你既然和朱姐住在一块，是学英文的极好机会，切不可放过，每天应常学习不可偷懒，我已把英文津逮和英文字典送来，这样学下去，等到你出来，一定可以把英文学好呢！我打算还替你选购一批书籍寄来，你要知道：牢狱是极好的研究室呀！"

邓中夏在信中一方面关心无辜陷入牢狱之灾的妻子的狱中生活，另一方面鼓励妻子在狱中坚持学习和战斗。"牢狱是极好的研究室"，就是暗示妻子要充分利用牢狱作为斗争的场地，并要通过学好英文，既可作为交流的工具，又可作为斗争的武器，更好地为党工作。

邓中夏在妻子被捕后，立即转移住地。但是，随着敌人白色恐怖的严加施行，加上王明"左"倾错误的影响，大批革命者遭到逮捕，就连从事救援被捕革命者工作的中国革命人道互济总会（前身为中国济难会，简称互济总会）和有的省市互济分会也遭到破坏，这使中共在白区的救援工作陷入困境。

1932年11月，邓中夏临危受命，被调任互济总会主任兼党团书记。他在大革命时期的省港大罢工中就是著名的领袖人物，大革命失败后国民党反动派一直在通缉追杀他，让他担任这一职务是极度危险的。但是，邓中夏（化名"老杨"）不顾个人安危，不畏艰险，勇敢地挑起这一重担，竭尽所能完成各项任务，开展了以下四项工作：

（一）为安全起见，邓中夏化装成商人，穿着长袍马褂前往上海八大马路新西桥附近的互济总会上班。他上任后，首先建立健全党组织，作为互济总会的领导核心和神经中枢。

（二）恢复互济总会的工作机构，指导各省市互济分会的工作。他根据组织决定成立了互济会巡视团，亲任书记，派员前往北京、天津、江苏等地巡视，指导恢复和建立各地互济分会，加强与各地的联系，共商救援工作。

（三）积极与赤色国际互济总会取得联系，争取国际援助，同时加紧开展救援被捕革命者的活动。积极支持"中国民权保障同盟"的成立，主动与"上海律师公会""国民御侮自救会"以及和宋庆龄、蔡元培、何香凝等社会知名人士建立联系，争取社会力量的支持。另还四处筹措经费，为狱中难友聘请律师，通过各种办法实施救援难友行动。

（四）秘密创办《斗争》《列宁生活》《互济生活》等内部刊物，还编写了《新同志教育大纲》和《巩固上海新会员的训练大纲》等。他以这些革命刊物作为阵地、作为教材，加强对互济会成员的素质教育，更好地提高大家的革命意识、思想觉悟和工作水平。

1933年4月间，中共上海中央局（亦称白区中央局）继续执行王明"左"倾错误，派遣特派员到互济会总会，通知邓中夏："为了迎接伟大的全国革命高潮的到来，组织上决定在'五一'这天组织一次大规模的示威游行。要求你们立即发动全体群众上街，参加这个伟大的斗争！"邓中夏对于这一轻率的决定心存疑虑，并表示了反对。因为他从红区到白区切身感受到此时并非"全国革命高潮"，而是白色恐怖的加剧。于是，他耐心直率地向特派员说："我不是怕困难，怕牺牲，我是说现在我们的力量还很小，还不行。把自己软弱的力量暴露给敌人，这不是示威，而恰恰是示弱。说得重点，这是对革命的犯罪！"可是，这位特派员根本不听劝阻，还说邓中夏是"简直右倾透了！"在"左"倾错误的强制命令下，上海中央局发动了"五一"大游行，结果60多名革命骨干和游行群众被敌人逮捕。

恰逢此时，即4月25日，中共江苏省委组织部部长黄励在上海被国民党当局逮捕，邓中夏在组织大力营救的同时，于5月上旬，特地为黄励被捕和在"五一"游行中被捕的60多人写了抗议书，抗议国民党当局迫害反帝抗日的爱国者和强行封闭反帝抗日团体"国民御侮自救会"，为其伸张正义；并将抗议书印成传单，广为散发。抗议书指出：黄励及60多名战士没有罪，他（她）们是"站在反帝抗日最前线，领导我们广大群众，反对国民党出卖华北、出卖中国，反对日本，反对帝国主义瓜分中国，坚决为中国民族独立，为工农劳苦群众获解放的"。号召广大工人、学生和劳苦群众团结起来，要求立即释放一切政治犯，"粉碎帝国主义国民党的白色恐怖！"邓中夏还通过内部关系了解被关押狱中的共产党员和爱国人士被迫害虐待的情况，以关押在看守所全体"犯人"的名义写了《上海法租界第二特区法院看守所全体犯人反对压迫要求改良待遇宣言》，并印成传单散发。宣言无情地揭露了帝国主义和国民党反动派采取"逮捕、拷打、禁闭，拿这黑暗活地狱的牢监，来对穷苦民众和革命民众，实行慢性屠杀"的罪行，要求改善狱中待遇，释放一切政治犯，呼吁广大民众"拥护中国红军苏维埃"，为中华民族的解放"加倍反帝反压迫阶级的斗争"。

二、血洒南京雨花台

正当邓中夏全力投入互济总会工作的时候，1933年5月15日晚，邓中夏在上海法租界不幸被捕。

邓中夏的被捕，是由叛徒出卖造成的。原来，1932年春，中国共青团上海沪西区委书记刘宏被捕后叛变，但党团组织和互济会并不知情。刘宏出狱后，互济总会还派林素琴（别名杜林英）带救济款前往他家慰问。刘宏编造各种谎言骗取林素琴的信任，并跟踪侦察到林素琴的住址，随后向上海市公安局通风报信，想通过这一线索拘捕共产党要员，以求邀功请赏。邓中夏就任互济总会主任后，感觉到林素琴的表现比较积极，便让她担任互济总会援救部部长。1933年5月15日晚，邓中夏从住处上海法租界麦琪路光华理发馆，去法租界环龙路骏德里37号二楼亭子间林素琴住处，与林素琴研究营救黄励等60多名被捕难友和布置互济总会工作事宜。邓中夏刚到林素琴住处不久，就有大批法租界巡捕房巡捕和密探冲上二楼，将邓中夏和林素琴逮捕。巡捕和密探在林素琴的床底下搜出了《为反对帝国主义和国民党摧残反帝的群众领袖罗登贤等告全国人民书》《江苏第二监狱政治犯全体泣告民权保障同盟国民御侮自救会律师公会各报馆各学校各团体暨宋庆龄何香凝诸先生》等传单、文件，以及《列宁生活》《互济生活》等革命刊物。邓中夏和林素琴被捕后，被押到法租界巡捕房拘留所。当时，敌人并不知邓中夏的真实身份，在捕房讯问时，邓中夏自称名叫"施义"，在湖南江华当教员，是来上海探亲访友的。

5月16日凌晨，邓中夏通过一位有正义感的华人巡捕给上海著名律师史良送去一张字条："我要求你来接见我。施

1933年5月邓中夏在上海被
捕的地点——法租界环龙路
骏德里37号

邓中夏在上海法租界被捕
时照

义。"字条背面还写着："请代付送信人五元。"身为大律师
的史良知道捕房9时后才会将犯人移送法庭，之前律师是可以
接见的。她当即给送信人付了钱，问清拘留地址，迅速乘车
赶到崇山路巡捕房，见到了邓中夏。邓中夏对史良说："我
妻子有一付金手镯，将来可以作为讼费，请你给我当个辩护
人。"史良向他递了一个眼色，并拿出两枚银币支开了看守，
便问邓中夏有没有什么证据落在他们手里，邓中夏回答说
"没有。"史良说："第一步，要争取就在租界审讯，不被引
渡，这样就可以保住性命。然后再说第二步。"并为防止室内
有偷听装置，特在纸上写了一句"你什么也不要承认"。

当天下午4时，设在法租界内的高等法院第三分院开始对邓中夏和林素琴进行第一次正式审讯。先审问林素琴。林素琴称床底下查出的抗日传单，是半月前一个朋友寄存的箱子，自己不知道里边装的是什么。接着提审邓中夏。对于审判长的提问，邓中夏一口咬定自己叫施义，以前是小学教员，现在还没有职业，没有参加过共产党，更不知道什么"共产党机关"，"她（指林素琴）丈夫和我是朋友，在汉口当兵，这回是托我给她带信的"。邓中夏最后说："我没有罪，我要求法院立即放我出去。"他还当着史良律师和互济总会请来的辩护律师唐豪等人的面，解开自己的衣扣，让大家看被捕当晚遭到刽子手殴打的伤口，揭露敌人的丑恶行径。当时，上海市公安局督察员曾提出，说该案是由上海市公安局会同法租界捕房共同破获的，要求引渡到上海市公安局，但遭到辩护律师的反对，认为案情尚未查清，理应由法租界的法院办理。

邓中夏被捕后，中共党组织和互济总会立即开展营救活动。一是聘请知名律师史良、唐豪、董康为其辩护；二是联系中国民权保障同盟主席宋庆龄，请她利用其社会关系和影响，设法营救；三是让史良事先找巡捕房方面的律师做疏通工作，争取其协同反对引渡；四是募集营救款项。当时党组织和互济总会的经费十分紧缺，为了营救革命志士，连宋庆龄、何香凝都亲自帮助募捐，包括鲁迅等人士都捐了款。

5月23日，法院对邓中夏一案进行第二次审讯。上海市公安局督察员向法院呈递正式公文，要求把邓中夏和林素琴引渡到上海市公安局审理。但又遭到史良、董康律师据理反驳，捕房方的辩护律师也反对引渡，终于引渡未果。

5月30日，法院对邓中夏一案进行第三次审讯。上海市公安局又呈文提出引渡要求。但在史良、董康律师依法严词驳斥下，法院又拿不出确凿证据，审判长只好宣布审判结论："根据本法院审理结果，决定本案被告林素琴由上海公安局移提归案讯办，被告施义由本院处理。"最后判决邓中夏52天徒刑，可保外就医。

法院这一判决，本使邓中夏的案情正在向好的方面发展。可是令人意料不到的是，就在邓中夏刑期还有19天即刑满出狱的时候，被引渡到上海市公安局的林素琴，由于被叛徒刘宏指证她是互济总会援救部部长，不久便被押解到南京。在国民党特务机关"中央党部调查科"的酷刑和威胁利诱下，林素琴供出了邓中夏的真实身份，成了可耻的叛徒。她不但供出了"施义"就是邓中夏，是中共中央委员，而且还供出了上一年被捕的李瑛就是邓中夏的妻子。这一消息传到上海后，为了证实林素琴口供的真实性，7月26日，李瑛被带到高等法院第三分院与邓中夏当面对质。李瑛对审判长的审问，坚决回答"我没见过这个人"。这使敌人的阴谋未能得逞。

但是，国民党特务机关通过各种办法，包括叛徒的指证，还是核实了"施义"就是邓中夏。国民党上海当局核实邓中夏的真实身份后，即上报在江西庐山避暑的蒋介石。蒋介石获悉后大喜过望，立即给首都（南京）宪兵司令部司令谷正伦发出加急电报，命令速把邓中夏从上海押解到南京。对此，国民党中央党部和上海当局高度重视，通过对捕房暗中操作和强逼手段，不顾辩护律师的强烈反对，于9月5日把邓中夏从法租界巡捕房引渡移提到上海警备司令部。随后，邓中夏就被押解到南京，关进瞻园路126号首都宪兵司令部拘留所11号牢房。这个首都宪兵司令部，是国民党专门屠杀共产党员和革命者的军事特务机关，是一个让人谈之色变的神秘"魔窟"，罗登贤、黄励等一批革命烈士就是在这里度过了宝贵生命中最后的时光。

邓中夏被关进牢房后，因为他原本就是共产党的重要人物，又是省港大罢工的重要领导者，所以有的狱中战友认识他，对他非常关心。难友们不但在生活上关照，特地让他睡上铺（按牢房不成文规矩，新犯人只能睡尿桶旁或下铺），更重要的是关心他的政治态度。当时同监难友陶铸（参加过南昌起义和广州起义，中华人民共和国成立后曾任国务院副总理、中共八届中央政治局常委）担任监狱中共支部书记。他委托同监的邓中夏的老战友郑绍文去问邓中夏"是什么政治态度？"邓中夏坚定地说："这个问题提得好！一个革命领导者到了这个时候，同志们应该关心他的政治态度。请告诉同志们，就是把我邓中夏化成灰也是中国共产党党员！"

实际上，邓中夏心里很清楚，像他这样的人物，落入了敌人的魔掌，是绝对不可能活着出去的。他早已做好充分的思想准备。所以，当他刚入11号牢房时，熟悉的难友试探地问："你打算怎么办？"他干脆地回答："打算上雨花台去！"雨花台是国民党屠杀共产党人和革命志士的刑场。可见，他早已抱定了为革命而牺牲的决心。

在狱中，敌人施用了各种卑劣手段妄图迫使邓中夏屈服，使其出卖组织，背叛革命，但都遭到了邓中夏的回击和痛斥。首先，敌人对邓中夏进行秘密审讯。审讯法官指控邓中夏"危害民国"。邓中夏理直气壮地说："这算什么罪？我根本没有犯罪！像你们这帮贪污腐化、男盗女娼、屠杀人民的'民国'，早就该推翻了！"其次，对邓中夏施用酷刑。敌人的老虎凳、电刑、鞭子、杠子等各种刑具都用上了，把邓中夏折磨得皮开肉绽，伤痕累累。但敌人的刑具也无法摧毁邓中夏坚强的革命意志。同监难友称"他真是一位铁汉子！"再次，敌人启用国民党高官要人对邓中夏"劝戒"。曾有一位国民党中央委员、所谓"理论家"特地前来诱使邓中夏归降。他假惺惺地对邓中夏表示"关心"，但话头一转就说："先生献身主义的精神，兄弟十分钦佩！兄弟原也追求过共产主义，只是感到共产主义虽好，却不怎么适合中国的国情。"邓中夏毫不留情地反驳："那么说，你们的贪污腐化、丧权卖国，倒很适合中国的国情了？"接着指出："你们跟着蒋介石背叛革命，屠杀人民，向帝国主义献媚、投降。……你们犯的罪孽，真是罄竹难书！"最后，敌人使出通过叛徒前来劝降一招，这更为邓中夏所不齿。有一位叛徒叫余飞，曾和邓中夏等担任过中共驻共产国际代表团成员，1932年9月被捕叛变，加入国民党特务组织。敌人想利用这个"老关系"，派他来做"劝降"工作。邓中夏一见到这个叛徒，怒不可遏，对他鄙视道："无耻叛徒！你没有资格和我对话。"至此，虽然敌人用尽了各种招数，也根本无法使邓中夏屈服。

邓中夏在狱中与敌人作斗争的同时，还利用一切机会给难友们讲党课，讲革命故事，分析国内外政治形势，进行思想教育工作，尽了一个革命领导者的责任，博得了难友们的敬重和高度赞扬。

在对邓中夏无计可施之下，敌人最后就执行蒋介石"即行枪决"的指令了。

1933年9月21日拂晓前，刽子手把邓中夏从狱中押上囚车，向南京中华门外雨花台驶去。登上囚车一刻，邓中夏昂首高呼："打倒国民党！""中国共产党万岁！""全世界无产阶级联合起来！"直至临刑前，仍然响彻着他的"中国革命一定会胜利"的口号声。随着刽子手罪恶的枪声，邓中夏的鲜血洒在了雨花台，洒在了中国大地！他牺牲时年仅39岁。

邓中夏牺牲后，中国共产党和革命人民对他表示深切缅怀！难友们在狱中表示沉痛的悼念！中华人民共和国诞生

雨花台烈士陵园

后，南京市人民政府在邓中夏等烈士遇害地兴建了"雨花台烈士陵园"。1957年2月26日，毛泽东主席签署颁发给邓中夏亲属"革命牺牲工作人员家属光荣纪念证"。于1944年被日军烧毁的邓中夏故居，1983年，当地党组织和人民政府按原貌修复。邓中夏100周年诞辰时（1994），又对故居全面修缮，并举办了"邓中夏同志生平展览"，对外开放。同时建立了"中夏公园""中夏广场"，在广场中央竖立了邓中夏铜像，时任国家主席江泽民为铜像题了"邓中夏同志"五个大字。邓中夏故居于1996年被湖南省人民政府颁布为省级重点文物保护单位，2013年被国务院颁布为全国重点文物保护单位。2009年，中共中央宣传部、组织部、统战部等11个部门联合组织评选邓中夏为"100位为新中国成立作出突出贡献的英雄模范人物"之一。

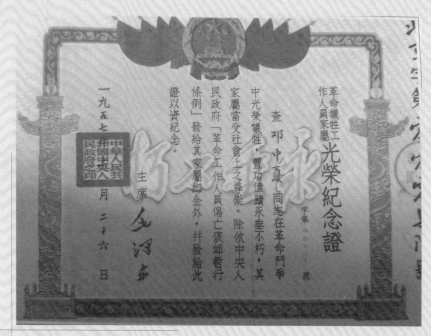

1957年毛泽东签发给邓中夏家属的"光荣纪念证"

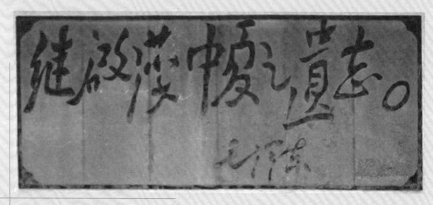

湖北省宜章县中夏公园镌刻着毛泽东的亲笔题词"继启邓中夏之遗志"

　　党和人民政府为邓中夏举行各种纪念活动的同时，还对邓中夏革命活动事迹进行大量的调查和史料征集工作。1953年，刘少奇副主席批示，请中共中央宣传部组织工人日报社、工人出版社、人民出版社等部门调查、征集、编写邓中夏革命生平资料。调查组先后赴北京、上海、南京、武汉、长沙、广州等地，访问了李立三、陶铸、史良、郭沫若、茅盾、陈望道、包惠僧、朱务善、杨东莼、郑绍文、陈同生、陈郁等100多人，做了大量工作。随后，全国各地发表出版了大批论著。诸如：《邓中夏传》（人民出版社1981年版）、《邓中夏文集》（人民出版社1983年版）、《邓中夏青少年时代的故事》（贵州人民出版社1985年版）、《邓中夏思想研究》（吉林大学出版社2010年版）、《邓中夏全集》（人民出版社2014年版）、《邓中夏年谱》（中国文史出版社2014年版）、雨花台烈士传丛书《邓中夏传》（江苏人民出版社2016年版）等等。还发表了大量有关邓中夏思想和实践的论文和艺术作品。这些论著、作品从不同角度、不同侧面来全景式、立体化地阐述和描绘了邓中夏一生的丰功伟绩，颂扬他伟大的革命精神。

　　邓中夏为国牺牲已经80多年了，但他的革命业绩并不为时光流转、岁月更迭而消逝，他的革命精神永远值得我们褒扬和学习。邓中夏的革命精神主要体现在：坚定信念、终生无悔的精神；坚持真理、敢于斗争的精神；顾全大局、能上能下的精神；临危不惧、英勇献身的精神。他自从接受马克

人民出版社于2014年出版的《邓中夏全集》（上、中、下集）

思主义之日起，就把马克思主义作为最崇高信仰，并且坚持始终。担任中共驻共产国际代表团成员期间，发现王明借助莫斯科中山大学校长米夫的权势在校内搞宗派活动、压制不同意见时，他就和瞿秋白等揭露王明的卑劣行为，敢于向他们进行斗争。他从一个中央委员、红军军团政委，被调去当一名蜡版刻字员时，不计较个人得失，服从组织安排，任劳任怨。正如他自己所说："像我们这种人，做工作是不能选择那里痛快便往那里去的。重要的是看对革命是否需要！那怕是最困难、最危险、什么人都不喜欢的工作岗位，我们应当义不容辞地站上去！"他的这种气度，殊为难得。当他最后身陷囚牢时，面对国民党要员利用高官厚禄的引诱，视如敝屣，嗤之以鼻；对无耻叛徒的卑鄙行径，予以严辞怒斥，贬如狗类。邓中夏在狱中说过："作为一个共产党员，活在今天的世界上，不要怕短命而死，主要应该看是为什么而死，是不是死得其所，死得其时。我们这次在国民党的断头台上，结束自己的一生，就是死得其所，死得其时，这正是我们的归宿！"

邓中夏正是以对民族解放的拳拳之心，对国家独立的殷殷之情，熔铸成崇高的理想信念，淬炼成坚强的革命气质，迸发出强大的精神力量，造就其一生的辉煌。正道是：

洒洒潇潇，轰轰烈烈，三湘毓此人杰！平生刚直不阿，终身效命伟业。少读郴阁，出星城，京畿求诀。肇学潮，五四发端，扶倾敬崇马列。

气昂昂，潮涌港粤；心勃勃，旗卷洪埭。傲笑沧海横流，冷眼世间妖孽。奉任使节，踏归程，洪湖举钺。隐战沪，血浴雨花，万众仰钦泣绝！